Reader Takes All.

一個人
ALONE

8
Net and Books

一個人終究得面對一個人的問題

文—郝明義

今天面對一個人的問題，有比較容易的一面，也有比較麻煩的一面。

◎

容易的一面，是因爲今天的時代特質——「一個人時代」的特質。

你少了過去一個人狀態下所需要顧慮的問題。沒有法律問題、道德問題，沒有經濟上的問題，沒有生活上的問題。

你可以完成太多原來一個人難以進行的事情。從電影配樂到跨越國界的企業管理，不一而足。

你可以有太多一個人的狀態可以選擇——即使在所謂最不一個人狀態的婚姻裡。

你隨時都可以不是一個人。你可以二十四小時隨時走進一個便利超商，一家KTV，一家書店。你可以二十四小時隨時在網路上找到一個剛剛早上八點起床的人和你聊天，甚至不止聊天。

◎

麻煩的一面，也是因爲時代的特質——「一個人時代」的特質。

社會環境在改變；婚姻狀況在改變；家庭關係在改變；面對工作夥伴的立場在改變；處理娛樂、休閒的方法在改變；面對自我與底層慾望及恐懼的思考在改變。

思想上，你難以就過去的經驗有所憑藉。方法上，新的問題接踵而來。

譬如：「一個人時代」如果再結合正在到來的「高齡化時代」特質，這就絕不只是區區養老院，或敬老津貼之類的概念與方法所能面對的。

◎

幸好，和一個人相關的課題，除了一些時代特質之外，還有些不變的本質。

◎

人生總是在一些矛盾的心理中掙扎。譬如：總是在趨近一個人狀態，與遠離一個人狀態之間的心理拉扯。

會拉扯，是因爲我們經常分不清一些事情的分際。譬如：孤獨與寂寞。

孤獨與寂寞，雖然都是一個人的事情，但卻是兩件不同的事情——只是很容易混淆。

看了許多對孤獨和寂寞的定義，還是覺

得蒂利希（Paul Tillich）說得最好：「語言創造了『寂寞』這個字來表達因一個人而感到的痛苦；『孤獨』這個字來表達因一個人而感到的光榮。」（Language has created the word loneliness to express the pain of being alone, and the word solitude to express the glory of being alone.）

◎

如果我們能更深切地思考一些事情的定義，也許就能少一點無所適從，少一點徘徊不定。

譬如，我們就會發現：選擇覺得寂寞還是孤獨，原來只是個心的遊戲。弘一法師說的「群居守口，獨坐防心」，就是講的這個遊戲。

如果能了解這個心防遊戲的本質，就可以在眼花撩亂的時代特質中找到一個安靜的據點了。

◎

一個人總要面對一個人的問題，何況還是在一個人的時代裡。　■

Net and Books 網路與書 8

一個人

經營顧問：Peter Weidhaas 陳原 沈昌文
　　　　　陳萬雄 朱邦復 高信疆
發行人：郝明義
策劃指導：楊渡
主編：黃秀如
本輯責任編輯：藍嘉俊
編輯：冼懿穎・葉原宏・傅凌
網站編輯：莊琬華
北京地區策劃：于奇・徐淑卿
美術指導：張士勇
美術編輯：倪孟慧・張碧倫
攝影指導：何經泰
業務代表：林良騏
行政兼讀者服務：塗思眞
法律顧問：全理法律事務所董安丹律師

出版者：英屬蓋曼群島商網路與書股份有限公司台灣分公司
臺北市南京東路四段25號10樓之1
TEL：(02)2546-7799
FAX：(02)2545-2951
email：help@netandbooks.com
網址：http://www.netandbooks.com
郵撥帳號：19542850
戶名：英屬蓋曼群島商網路與書股份有限公司台灣分公司

總經銷：大和圖書有限公司
地址：台北縣三重市大智路139號
TEL：886-2-2981-8089
FAX：886-2-2988-3028
製版：凱立國際資訊(股)公司
印刷：詠豐印刷(股)公司
初版一刷：2003年12月
定價：台灣地區280元

Net and Books No.8
Alone
Copyright @2003 by Net and Books
Advisors: Peter Weidhass　Chen Yuan
　　　　　　Shen Chang Wen　Chan Man Hung
　　　　　　Chu Bang Fu　Gao Xin Jiang
Publisher: Rex How
Editorial Director: Yang Tu
Chief Editor: Huang Shiou-ru
Executive Editor: Chia-Chun Lan
Editors: Winifred Sin・Yeh Yuan-Hung・Fu Ling
Website Editor: Lucienna Chuang
Managing Editor in Beijing: Yu Qi・Hsu Shu-Ching
Art Director: Zhang Shi Yung
Photography Director: He Jing Tai
Sales: Alex Lin
Administration: Jane Tu
Net and Books Co. Ltd. Taiwan Branch（Cayman Islands）
10F-1, 25, Section 4, Nanking East Road, Taipei, Taiwan
TEL：+886-2-2546-7799　　FAX：+886-2-2545-2951
Email：help@netandbooks.com　　http://www.netandbooks.com

本書之出版，感謝永豐餘、CP1897網上書店、英資達參予贊助。

CONTENTS

目錄 封面圖片:CORBIS

Part 3
在愛情與婚姻之間
Between Love And Marriage

Part 4　在狀態上 By Definition

Part 5
在閱讀時 About Reading

創新 未來

科技的理性，融入感性的人文價值
締造新世代優質的生活

◇ 永豐餘　http://www.yfy.com

奈米、生物科技透過 e 化的平台，不斷地在造紙、印刷、顯示等產業
創新服務，共創優質生活的未來

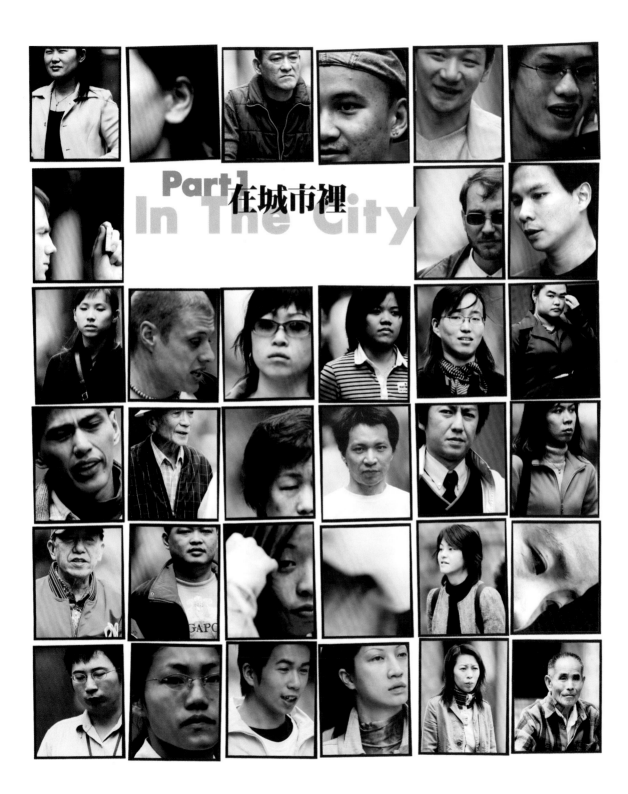

Part1
In The City
在城市裡

The Sound of Solo

一個人的聲音

攝影—賀新麗

> 靜止

孤單永遠不夠，……四周的寧靜永遠不夠，……夜也永遠不夠。——卡夫卡

手風琴手：王雁盟

> 流浪
在旅途上（的人），總是被一種哪裡都是家，
哪裡都不是家的詛咒所附著。
無論身在何處，
總有一部分的自己遺留在別的、遙遠的地方。
——瑪歌芳婷

芭蕾舞者：陽柏筠

> 等待

爲何你的眼神還有孤獨時的落寞，是否我只是你一種寄託，
填滿你感情的缺口，心中那片森林何時能讓我停留──伍佰・挪威森林

吉他手：張懸

一個人在城市

一個人在城市，
爲了某種自主或不自主的理由，
可以找到更多選擇，
可以被尊重或尋求慰藉。

文‧圖─康旻杰

　　單獨離鄉到城市，機會允諾之地，求學與工作，讓城市單飛開展出不同的視野。離開熟悉的家園，同時掙脫一個過往的自己，空間的割離指涉時間的斷裂與延伸，城市版圖包藏著一個人的未來。所有關於未來的不可知、恐懼與慾望，潛伏在城市的角落，隨時迎面而來。當停留的時間拉長成每日生活步調，一個人的自由開始與孤單交易；城市像一面鏡子，街道上交錯的臉不時反映一個類似的自己，入夜後窗口陸續透出的螢熒燈火則彷彿一種提醒，一種城市孤獨身影暫時不可或不願企及的家庭的想像。求學與工作必要的打拼壓力，逐漸形成包被一個人身體的空氣膜，每天在城市中與其他人的薄膜磨蹭，但不能擦破，身體靠得很近卻彼此隔離。一個人的城市，有時確是疏離幻影的所在。

　　但這一個人的冷漠棲地，讓絕多數人顯身匿名，交換熟悉的陌生感而非親密的熟悉感；個人存在本身，脫離了所依附的地方性社會網絡、乃至關注眼光下的道德與評價，反而在匿名性自由中擺脫被注視的不堪，得以喘息或重生。不得不承認，這是城市的宿命與矛盾，讓一個人在自由的誘惑下身陷慾望的圇圄，卻又在圍城的焦慮中享受孤絕的自由，即便這自由本身可能僅是假象。

　　一個人與城市的愛憎關係，究竟緣於這都市性本身或城市生活內容，未必然是清楚界定的。都市性的某些狀態被龐大不可見的結構性力量決定──如資本主義的運作或工業化現代化的發展邏輯，但也反映在具體的城市生活型態中。某些普同的資本城市特質，被簡化爲跨疆域越國度傳染的城市觀感（所謂疏離、流動、自由、張力、亢奮、複雜、多元等等），同時召喚哈城市與反城市的論述，但基本城市生活模式的差異卻能讓伍迪艾倫離不開紐約、到了洛杉磯則手足無措。都市性的詮釋一方面隨著對高科技未來城市（及與之對照的、後啓示錄式的城市崩毀場景）的想像膨脹，另方面又在全球化與第三世界急遽都市化的過程中註解眞實的城市場景。抽象的都市性，在一個人的生活實踐中，成爲細膩的城市感知與認知。我愛城市，但我討厭深圳；或我討厭城市，但我愛

西雅圖聯合湖
(Lake Union)

舊金山；或正恰好相反，對一個在城市的人，除了城市的皮相、或難以名狀的城市感之外，真正在乎的不免要回到生活的尺度上。

在城市求學或工作的一個人，最終總必須學習在城市生活。城市的食衣住行育樂種種面向，支配著城市人的行徑。這些勞力再生產條件的品質，從必需品到慾望之投射，如此瑣碎而官能，如此唯物而親密。早晨一份蛋餅之必要，午後一杯冰茶之必要，捷運之必要，騎樓之必要，路樹篩過陽光之必要，露天游泳之必要，二手書店與二輪電影院之必要，路邊攤與夜市之必要，樓下雜貨店之必要，咖啡店櫥窗之必要，河邊腳踏車道之必要，制高點遠眺之必要，一間租得起的公寓之必要，路邊停車位之必要，午夜Pub之必要，清晨公園太極之必要……，如果以拍立得連續跟拍一個人一天的時間剖面，其集體拼組的畫面會不會顯現一種可感知的城市情緒？

但一個人的樣本群太大，誰的生活歷程可以代表單身族群的城市經驗？即使只鎖定在城市求學與工作的個體戶，當階級、性別與種族漫散開來，如何能從不同的生活需求及品味講究聚焦出一些公約數？再加上退休的、無家可歸的、旅途中的城市單身角色，一個人的城市必須承擔如何的期待？

城市規劃者始終從最大公共利益的信仰中推敲集體的需求與想像，科學、標準、量化取向的分析經常忽視的是個人經驗的特殊性。但當如新加坡這類城市規劃模範生也開始檢討起本身因嚴格執行規劃下產生的同質與無趣，嘗試以較柔軟的姿態看待城市文化的內涵，才更清楚察覺，一個會關心個人在城市處境與感受的城市（甚或，只是消極地允許個人經驗不被同化或泯滅的城市），其實是更蘊含都市性、更豐富、更人性的城市。因為某種自主性理由在城市的個人可以找到更多的選擇，為了某種不自主性理由在城市的個人可以被尊重或尋得慰藉。五光十色的城市畫面中，差異性個體的七情六慾交流分享，多元繽紛卻總還包容了混沌曖昧。

洛麗─西雅圖，
適居城市，一個人

我分別在兩個曾被選為全美最適居城市首位的地方住過五年：東岸北卡羅萊那州的洛麗／杜翰／教堂山（Raleigh／Durham／Chapel Hill）研究三角園區（Research Triangle Park），及西岸華盛頓州的西雅圖。既然列名適居城市，想當然也應適合個人，但當時並未特別在乎城市排名，一個人生活甚少跟隨適居指標在觀察體驗；現在想來，那種自然度日的生活場景與細節反倒有些可玩味之處，似也能由此體會兩地不同之處。但必須一提的，在洛麗的最後一年，我從捷克山上短期工作後回返城市，突然驚覺這遙遠美洲東岸城市竟是我此生居留長度僅次於台北的異地，理當熟悉實則陌生，決心為它拍部劇情影片紀念，還找了些當地認識的朋友義務演出，拍片過程自然讓我對它有了另外的觀點。那是屬於導演的、拉開必要距離的觀點，但很多戲又很真實地在我居住的老公寓發生，心情頗為糾葛。

北卡研究三角園區幾乎是新竹科學園區規劃的雛形，環繞園區的三個城市各有一所北卡州（甚至是全美）頂尖的大學，洛麗的北卡州立大學（N.C. State Univ.），教堂山的州立北卡大學（Univ. of North Carolina），及杜翰的杜克大學（Duke Univ.）鼎足而三，而洛麗也是北卡州的首府。正如新竹清大交大之於竹科，這些學術與政治經濟資源當然是三角園區得以發展為全美國最具經濟競爭潛力區域之一的主因，從80年代起吸引越來越多科技新貴移民，進而改變了區域的人口與社會結構。但因位處概念上的南方，尤其在極右參議員傑西賀姆斯（Jesse Helms）政治勢力籠罩下，整體的感覺趨於保守安逸，除了三所大學周邊的大學街及洛麗市中心的活力外，城市的能量幾乎被綿延的樹林吞噬。也唯有在三所大學城的鄰近環境，那種交雜了學術自由氣氛、連續商店、街道生活、夜燈續白日的城市調調才浮現──但相較於其他大城街肆摩肩擦踵的鬧熱，那種略嫌悠閒的節奏大約也只達中山北路七段天母的水準吧。

西雅圖
Ravenna Park

即便如此，當年賀姆斯議員竟曾希望在教堂山圍一道牆，將富蘭克林街（Franklin Street）上那些「瘋狂的自由派分子」全封在裡頭！對賀姆斯而言，這些威脅保守純樸民風的反動勢力一方面來自一群不受束縛、自主性強的個人，

另方面其實正來自都市性本身。街道上老是有些或清談或闊論或閒蕩、嬉皮模樣的外來知識分子，和路邊出沒的遊民融成一幅有個性但和諧的畫面，卻絕非賀姆斯熟悉的傳統南方小鎮街道模樣。當流動性高的外來個體成為一條街道的主體，蠢蠢欲動的都市性便開始繁衍。我偏喜歡一個人逛這些大學街道。最醒目的街道招牌通常是一家藝術電影院的片單華蓋（Marquee），沿街行，店面內容從最實用的五金行藥房到並非民生必需的花店書店，舌尖味蕾從希臘蓋若（Gyro）三明治到內南方（Deep South）的卡容（Cajun）烤魚片一路旅行，來往行人似匯自五湖四海，沒有輕蔑外來者的斜斥眼神，正像大城市的一截斷面，卻舒緩自如。跨過一條街，就直入綠蔭輕覆書卷的校園。

從藝術文化到自然野趣，一個人活得挺不無聊

　　若將當時上課及基本民生路徑除外，我在三角園區頗有些慣常去處：洛麗市中心的費葉維爾行人廣場街（Fayetteville Street）及當代藝術館，被在地傑出樂團The Connells選作專輯標題的波依蘭高地區（Boylan Heights），舊建築再利用的「藝術空間」（Artspace），老戲院Rialto，林間劇場的

台北適合一個人居住嗎？

台北，是一個人的便利城。高度的混合使用及默許下的違規使用，輕鬆地照顧到一般必要的生活機能，雖然整體城市感覺必因此而形混亂。台北的摩托車最是這種方便機動、獨立、介於前現代與高度城市文明之間、隨便可停、無法控制的代表，每天城市裡超過百萬量摩托車逛行的盛況其實是世界奇觀。當然，台北的吃之精彩、之琳瑯繽紛、之隨時隨處已經是傳奇，對一個人來說，只要負擔得起，台北是食的天堂。但我總不滿其中過多向歐洲餐飲學樣的虛矯形式，東南亞、印度、中東、南美、非洲等等文化的選項要不稀少而昂貴、要不很難發現（誰能想像水源快速橋邊的矮房子裡躲著台北僅有的道地南非餐廳？），作為經常拿亞太營運中心當目標的國際城市來說，很有努力空間，所以我對聖多福教堂邊略成規模的菲律賓自助餐店特別感到興奮。

另外，這是個24小時不停的城市。撇開夜市、便利商店、KTV不談，兩間全世界唯一的24小時營業書店看似理所當然，但要何等的城市能量才能讓生活功能之外的精神需求也飢渴若此？雖然也可解釋為某種資本城市的消費符號作祟，但只在或最早在台北發生的事實總與這城市捨不得休息的生活作息有關。一個24小時作伴的城市，確是單身生活的慰藉。

在台北，一個人的休閒生活可以很富足，無論就自然或藝文資源來看。拿份台北小型巴士地圖，確定時程，一個人不需開車也能在短時間遠離塵囂，享受野趣。台北恐怕也是世界城市中少有的火山城市，一群還在冒煙的火山就坐在城市版圖內，提供溫泉、硫礦、特殊景觀等可資利用與享受的地景內涵。可惜的是，這座擁有富饒水文生態的盆地城市，對穿梭市內的大河密圳除了圍堵加蓋之外，幾乎束手無策，最容易看見河流的視角往往來自高架快速道路疾行的車窗。而台北各式的藝文空間與展演，因佔盡首都優勢，始終不虞匱乏，問題是他們有否被提醒（試問自己，上次進故宮是哪時候？或近期可造訪過修復七年才完工的保安宮？）：國際交流的文化視野大抵是兩廳院的格局，但實驗性質高或特殊世界文化族群經驗的展演較少（國內藝術圈自身的嘗試相形蓬勃），不過近期如Gary Hill錄像展或流浪者之歌音樂節等等似乎勾起了某種期待，但我也期望外勞文化中心的經驗能夠與台北文化的想像對話，成為台北斑斕文化版圖醒目的一塊。

做為台灣最顯著的移民城市及殖民城市，台北理當對單身落腳城市的弱勢有較深的關懷，但城市鮮明的主流價值一直朝向一種發展（Developmentalist）但非進步（Progressive）的取向靠攏，異性父權社會的家庭觀仍然漠視、乃至排擠許多新型態的城市生活。弔詭的是，因被納入一個無可逃避的全球化網絡，台北又急於在城市意象上追上國際大城，以致整體城市觀包容且膨脹了屬於「厭怠個人」的美學的痛，卻刻意撇清屬於城市歷史的第三世界經驗。目前都市計畫對於違建與整宅聚落處理的意識型態還依稀可辨此規劃邏輯，雖然手法不似以往粗糙了。台北嚮往新加坡或上海埔東，但台北的社會與歷史脈絡提醒我們，即使有了101大樓，真正讓城市動人的還是人的生活畫面。我們很難框出一個台北定格、甚或找到一張出色有趣的近代台北影像，是在地景美學上具原始純粹性（Pristine）的，總是一種拼組下的矛盾張力，總是在某些細節洩漏了不斷添加或腐蝕與原始形式的錯置，總是一些處於某種情境中的臉。但或就是從這一張一張個人的面容，台北城的故事開始流動累積，城市對於市民的意義才逐漸浮現。

陰暗小店，以歌德建築猙獰怪獸及骨顱頭雕塑不時召喚一些慘白顏面鬖黑唇容的變身吸血鬼出入，燭火搖曳間如見都市幽靈。

　　我常覺得西雅圖是一個壯麗湖海山景間藏匿著戀屍癖（Necrophilia）的奇特城市，夏日碧藍的長空下常會引人聯想起冬日陰鬱的天頂，清新乾爽的空氣似又夾帶幽微的死亡氣息。站在先鋒者廣場（Pioneer Square）看晶亮玻璃帷幕拔高的天際線劃開穹窿，腳下蜿蜒迂迴的卻是一處深邃荒蕪的廢墟遺址，那座1889年市中心大火後、街道填平墊高留下的地下城市（Underground City）。從李小龍到Jimi Hendrix到Kurt Cobain，城市英雄以嘎然的死亡之姿垂悼絕美的青春，追隨者驚遽失怙但又對以生之煙火換取永恆的殤逝感覺理所當然。David Lynch選擇西雅圖近郊瀑布拍出Twin Peaks，那個奇異扭曲的世界竟準確抓到一種屬於當地的氣質，彷彿再怎麼都市化，城市開化前山林中的妖精魔影依然纏附著西雅圖的深層靈魂。而當這一切都可能在紐約無邊的光怪陸離間逸散，西雅圖的城市尺度卻將之聚焦爲城市精神的一環。於是，都市充滿了現代傳奇，連路邊的公共藝術或街頭藝人也捆裹著Roland Barthes指稱的神話，口耳流傳間讓城市的肌理長出了情節（順帶提起，大學鐵橋下，居然有公共藝術直接名爲「死亡之牆」，不論是否意有別指）。如果到舊金山不忘記戴上一朵花，到西雅圖時請記得到英雄墓前留下一分銅板。

連寂寞本身也有種可依賴的姿勢

　　於是，一個人在西雅圖，連寂寞本身也有種可依賴的姿勢，像River Phoenix在寒冷街上裹緊短夾克，意識流著他私人的愛達荷陽光（My Own Private Idaho, Gus Van Sant導演）。即便當波音微軟星巴克成爲具體的、最有競爭力的城市符號，西雅圖的意象仍然不脫那個身著襤褸二手衣、口袋裝著Tom Robbins二手平裝本小說、浸淫Grunge地下搖滾、滿載青年生命焦慮（Angst）、無咖啡因不能度日的嬉皮自由主義派，但這形象又經常與那些喜愛在瓦斯工廠公園（Gas Works Park）附近踢毽子、玩手鼓、騎腳踏車、划獨木舟的新世紀教徒重疊。簡單說，西雅圖不僅是城市實體，同時還是一種概念；如由那個呼之欲出的形象解讀，這城市正是一處強調個人及小眾互動的所在（想想一個人獨踢毽子及一小群人隨機成圈互踢毽子的畫面，怎麼玩都對。玩手鼓亦復是）。

　　而有什麼空間比咖啡館更適合再現如此的城市概念？但道地的西雅圖咖啡館從來不是那種外向的、坐在人行道雅座看人的巴黎式景況，而是極其內向、室內綴以燭光、另類音樂取向、讀書寫作清談皆自在的個人化場所；即使有戶外延伸，也是一派或蹲或靠於牆邊緣石的姿勢。最好的幾家西雅圖咖啡館甚至是很隨興排列桌椅、絕少設計味的平民去處。我住家附近的Allegro及Last

Exit of Brooklyn，Broadway一帶的B&O、Rosebud、Cafe Paradiso，或Fremont的Still Life、Lighthouse和Swingside都是代表。有的咖啡館緊鄰二手書店（如Bauhaus及M Coy，令人懷念的Magus、Left Bank、Twice Sold Tales、「革命」等書店附近也都有好咖啡伺候），有的與單間獨立電影院銜接（Grand Illusion及Harvard Exit溫暖的外廳啊），有些不定時排個現場演出（Last Exit to Brooklyn甚至固定一天讓業餘者上台試膽），市中心Elliot Bay Book Company附屬的咖啡館還提供早晨上班前的好書精華閱讀，這些鑲嵌在西雅圖街道的燐石是城市靈魂的微光。當大多數觀光客都到星巴克或SBC（Seattle's Best Coffee）朝聖，獨立咖啡館不改本色，低調服務在地顧客。我生活的小小幸福，常在Grand Illusion看部獨立電影後點杯拿鐵和思空餅（Scone），坐在被火爐暖氣罩上水霧的玻璃窗前啜飲，內心感覺便非常完滿。

　　西雅圖的四季情緒很容易影響一個人，但城市環境本身有太多吸引人走出去的誘因，我的五年居留很少有時候是空白的。夏天必定得繞著華盛頓湖騎十來公里腳踏車，然後享受冰冷湖水直割心臟的游泳快感，或從華大租獨木舟划入萬頃碧波的湖心；或沿著湖岸運河，尋花貓或野鴨的步印，偷偷走到長條船屋聚落的盡頭，在湖水輕柔的搖晃間遠眺城市，想像水上人家的生活；或到市中心碼頭搭上如郵輪般體積、豪華而便宜的城市渡輪，看普及灣（Puget Sound）水平線上的雷尼爾冰山（Mt. Rainier）在陽光下閃爍神奇雪光；或在港邊一排排平行的舊碼頭倉庫中看古董，再選個臨水的長椅大啖魚片薯條。在這個沒有捷運的城市，搭公車或電車入市中心很是方便（市中心內完全免費），並且可轉乘到市區內不同的「都市村落」（Urban Village），每個「村落」各有鄰里特色，大多含有幾個商業街廓作為部分中密度住商混合的土地使用，方便社區居民以步行或腳踏車逛街購物消費，其中參雜著許多出色的餐廳、咖啡館、個性商店、書店、藝術電影院、二手唱片行等，很適合進行跨鄰里城市探索。我個人與Fremont淵源最深，寫過專書；但華大附近、Capitol Hill、Pike／Pine街一帶、Madison Valley、Queen Anne、Denny Regrade、Wallingford、Ballard等也都有極迷人之處，一個人獨行頗有閒適況味，邀三兩好友同行也另有趣味。我曾與幾個朋友到Ballard還帶有工業碼頭味道的酒吧聽John Cale、以及Red House Painters的Mark Kozelek演唱至很深之夜，那種隨興在鄰里酒肆中聆聽自己認定之當代搖滾傳奇的情景，很是過癮難忘。

個人色彩強烈卻關懷外在世界

　　我私人的西雅圖經驗劃過許多不欲人知的城市軌跡，那是一種在城市中具體活過的感覺，但我永遠無法比較美東五年美西五年的喜好程度，尤其在一邊拍過十分個人的城市影片、又在另一邊嚐過半生最劇傷痛後逐漸甦活之自由體會的天平上。表面上，西雅圖絕對是一個比洛麗三角園區豐富多元、且更具高度環境意識的城市，對於單身與弱勢的照顧更是細膩許多。她所標榜的「個人色彩強烈卻關懷外在世界的態度」（Individualistic Yet Caring Attitude）正是城市基本生活哲學。我在西雅圖的一位重度殘障朋友，在完全無法站立、身體與面容極度扭曲、言語必須依賴助講器、洗澡需要社工幫忙的狀況下，竟然可以

一個人從位在二樓的公寓乘輪椅下樓上街遛達、搭公車到市中心購物、並靠網路教別人寫電腦程式。西雅圖的每部公車電車設計都方便讓輪椅輕鬆上車，司機必定幫輪椅乘客綁好安全帶後才開車，而沿著市中心普遍極陡的道路坡度，逐層而上的建築間體貼地為殘障及行人設計了公共扶梯與電梯，免除陡坡上下的恐懼。社會福利照顧不僅針對一般領救濟金之失業失能弱勢，住宅規劃特別對弱勢單親家庭及老人，提供鄰近都市村落核心、生活機能便捷的中低價位公寓，社區內的食物銀行（Food Bank）更與許多超級市場、麵包店等合作，供給一般民眾每週的必需品救助。如此種種，加上成長管理機制下經營出的生活品質、建築景觀、與城市活力、多樣化的藝術文化餐飲娛樂休閒等選擇，西雅圖的城市魅力似乎遠凌駕於三角園區之上；但只因我在洛麗拍片期間，與一些極特殊的個人創造了聯繫，所有的城市觀感便不再客觀。

我一方面同意一個人的城市認同是虛浮而易變的，尤其如Neil Leach所指認的、窩在「美學的繭」（Aesthetic Cocoon）中自孵的「都市游牧族」（Urban Nomad）類型，將認同建築於Gilles Deleuze所謂的「黃蜂與蘭花」（The Wasp And The Orchid）間的短暫媾合關係，講究既布爾喬亞又波西米亞的BoBo品味，透過網際網路與快速飛航游移於當紅全球城市之間，城市的家不過就是Ian Schrager連鎖品牌旅店的泛稱。德國社會學者Gerog Simmel在一世紀前就觀察到資本主義都會中，單身中產階級知識份子在資本經濟與社會良知的夾擊下，形成犬儒漠然、卻又具美學品味的「厭怠個人」（The Blase Individual），他們對主流平庸文化容易厭倦，但對城市快速資本流動下不斷翻新的論述與風尚有敏銳觸角，他們甚至無能浪擲如Walter Benjamin的漫遊者（Flaneur）一般對城市眾生萬物的深情而詩意的凝視，卻能輕易引領城市文化潮流走向。有些時候，我的城市經驗也不自覺地盈滿這「厭怠個人」所享受的、帶有罪惡感的愉悅。

但我其實更相信，絕多數時候，一個人無論多麼不願意放棄在城市的自由，總還期待在廣袤的城市人群中創造聯繫（即便是物化，也是如Benjamin在城市拾荒集物那種與物的聯繫，而非一種炫耀性的消費），而當聯繫真被構築，城市認同便油然而生。我那位西雅圖的殘障朋友得到城市的細心照料，但他是我所認識的最寂寞的人，他說他沒有與城市發生關係。我想到不知名民謠女歌手Dar Williams創作的「瀕死之城」（The Mortal City），簡單鋼琴伴奏，描述冰風暴下初次見面約會的都市寂寞男女，窘困地在漆黑寒冷的城市中相互取暖，他們都恨這城。忽然收音機傳來請求關掉電源以助醫院緊急需要，城市居民逐一熄掉燈火，一切變得安靜，「我想我今晚有個特別的聽覺／我聽到了樓上的鄰居／我聽見了自己的心跳／我聽見了醫院裡一千個心跳／一千個心跳在他們床邊等待／說那是我的摯愛躺在白袍裡」，在那風雪鋪天黑暗蓋地的末世城市中，他們依偎著無法移動，在靜默中，聽見了彼此的心跳，也聽見了城市的心跳。

本文作者為淡江大學建築系助理教授 ∎

Alone in New York

一些1980年代後期的視覺記錄

攝影・文─馮光遠

紐約人口之多，每天早晨的上班潮就可以清楚感覺到。

人多，可是我看到的，卻多是寂寞的鏡頭。

像這樣的畫面，根本不必思考，就自然拿起相機拍下。

一人一排靠椅，好似其他人都有傳染病似的，所以不方便坐在一塊。

相仿的畫面在格林威治村好像尤其多，老人、失意藝術家、專向觀光客

討錢的流浪漢、還有就是誤以為紐約遍地黃金的非法移民。

說多話是^{危險的}事情，應該是聰明^{的人}，

紐約曼哈頓三十四街跟百老匯的地下鐵出口，曾經有過這麼一家理髮廳，數次經過，從它臨地下鐵階梯的窗口望下，好像都沒看到有什麼客人。

有一天，理髮師正好倚著椅子閒閒往外望，就抓住了這個鏡頭。

高玻璃反光招貼上的廣招，師上的理髮師傅乃都是老外國腔，但街這兩人也是老外。

拍照瞬時初微惘怳，有異鄉人的那種孤單，多少成少也覺得自己是紐約客，孤獨感才漸漸消去。

這裡幾乎可聞見下義大利的汗味。

上搭地下鐵幾乎全是要票票有顏的熱潮……可以身高市中那高個高廊行上一閱，全走進地下柵欄一樣，
有手有腳有口……每個人都有一些可以沾染的項目眼前著……那人大咬口中一言不發……這一瞬間全然似的……
我不很多來月是否存在似的似的。

本文作者為金石堂行銷創意總監、給我報報總編輯

Part2
Of The History
在歷史中

問世間，孤獨爲何物？

同樣的神情、同樣的笑容、同樣的姿態，整整齊齊簇擁在你的面前，
看不到一張不同的臉，這是群衆裡的孤寂。

文—葛兆光

獨上高樓，高處不勝寒

如果你要問我，這世間誰最孤獨？說來奇怪，我最先想起來的，居然是至高無上的皇帝。你說不對呀，皇帝身邊三宮六院，環肥燕瘦，皇帝手下文武成群，左呼右擁，怎麼會孤獨？可是別著急，我要問你，爲什麼很早很早的時候，他就自稱「予一人」，後來又叫「寡人」？一個人高居人上，一個人乾綱獨斷，一個人自作主張，什麼都是一個人，怎麼會不是孤家寡人？「其樂也融融」常常來自親情友情，「酌酒話家常」往往來自彼此信任。有朋自遠方來不亦樂乎？身邊有朋友有親人就不會

孤獨。可是，皇帝放眼看去，卻看不到一個可以傾訴的人，環顧周圍，卻看不到一個不需要提防的人，守著偌大的家當，坐在這麼高的龍椅上，俯瞰著好一個花花世界，心裏的緊張和警惕，怎麼會不讓他畫地爲牢？換一個現代詞說，叫自我孤獨化，他要是和大家爾汝相稱，那裏會有「天威」，他要是成天嘻嘻哈哈，這皇帝不下臺，那才怪呢！

如果你再問我，除了皇帝，這世間還有什麼人孤獨？我想，可能是天才，天才也是孤獨的，好像金庸小說裏的獨孤求敗，你想想，一個以武功傲視群雄的人，打遍天下，居然沒有一個眞正的對手，提劍茫然而立，環顧四周，是不是會有一種獨立孤峰的悲愴和惆悵？就連超越凡人之上的神仙，也是孤獨的，「嫦娥應悔偷靈藥，碧海青天夜夜心」，否則，爲什麼總是說神仙要「思凡」呢？只有凡間才有世俗人的感情和友情，高高在上的人，不屑凡塵的人，那些覺得自己超出流輩的人，大概內心眞正有一種孤獨感。不然，爲什麼陳子昂說，「前不見古人，後不見來者，念天地之悠悠，獨愴然而涕下」？

「世無英雄，遂使豎子成名」，也許，沒有對手是寂寞的，「會當凌絕頂，一覽衆山

小」，也許，高高在上並不都是好感覺。難怪人說，「高處不勝寒」。

孤獨不僅是處境，更是感覺

　　孤獨有時候是實存的處境，但孤獨更多的時候卻只是一種感覺。真正最可怕的孤獨不是你一個人獨處，靜聽風聲雨聲打在窗戶上的時候，也不是你身處逆境，覺得自己那麼孤立無援的時候。那是是什麼？是你身處許多許多人的中間，感覺裏卻彷彿四周空無一人。

　　這是一次看畫展的經驗。我站在一幅畫前，彷彿有窒息的感覺。這個畫家畫的是無數張人的臉孔，同樣的神情、同樣的笑容、同樣的姿態，整整齊齊簇擁在你的面前，可是，你尋遍整個畫面，看不到一張不同的臉。這幅彷彿將同一個人臉，疊影似地排列起來複製的油畫，讓我想起的是那個怪異的年代。三十多年前，我這個年紀的人都記得，中國的天南地北、五湖四海、大街小巷，一片紅色海洋，每一個人穿的是同樣莊嚴威武的軍裝，說的是同樣激情燃燒的話，唱的是同樣熱血沸騰的歌，揮舞的是同樣神聖的紅寶書，念的是同一個人說出來的最高指示。你環顧四周，好像這並不是各種各樣的人組成的世界，沒有了「私」，只有了「公」，你像是站在鑲嵌了無數多稜鏡的地方，周圍看上去是很多人，但每一個人都是一個人的反射，呈現出來的是一樣的面孔，一樣的動作。

　　有人在網上說，「一個人在屋頂看天，這時候，孤獨是紫色的；一個人在麥道間游泳，

這時候，孤獨是金黃色的；一個人在樹林裏數葉子，這時候，孤獨是綠色的；一個人在海邊看浪花，這時候，孤獨是藍色的」，我覺得有五彩伴他，他還不是真正的孤獨。當世界上沒有不同的想法，沒有不同的語言，沒有不同的色彩，當你看不到五彩繽紛，聽不到抑揚頓挫，當你看到的只是鏡像，聽到的只是回聲，那時，就是周圍的人再多，你依然會「寂寞」，「寂寞」就會「孤獨」，而「孤獨」就讓人窒息。

　　這不必用「他人即牢籠」這樣的時髦理論來解釋，存在主義的那些理論，有時只是一些裝飾和表示，不必太當真。記不得是誰寫的了，好像詩的名字也叫《孤獨》罷，大意是說，「天色暗灰，在灰色的樹林中，一群鳥是灰色，另一群鳥還是灰色」，感覺上，這才真的是很孤獨了。

有時候，寂寞和孤獨是無聊的標籤

　　你會問，一個人的時候，你真的不孤獨麼？

　　好多次，或長或短，我獨自在域外，有時候會語言不通，有時候會地方不熟，常常沒有人來找你聊天。特別是那一年在歐洲一個小國的深秋，外面下著雨，颯颯的風聲吹著落葉，看著臨時寓所的四壁空空，真的讓人有點兒開始感到寂寞了。不過，寂寞感只是一閃而過，畢竟有書相伴，看著歷史書，和古人作無盡的對話；看著電影，想像自己也做一回英雄；大不了到外面去喝一杯咖啡，看看別人的生活還在繼續，想到自己的家鄉也已經「落葉滿長

午後七點零七分似水成波

文—傅凌

孤獨的力量

◎

想到一個人，就想起梅爾維爾的電影
《午後七點零七分》。那一襲風衣，壓低帽
沿，走在陰冷的雨天的殺手，回到自己的

住處，四壁空空。一間只有一張墊子床的房間裡，只有一隻籠中的小鳥和他相伴。一個殺手的寂寞，被買主出賣的孤單，冷冽極致。因此，一部彩色電影也在記憶裡成了一部冷灰色的電影；亞蘭德倫俊美的面貌，也隱藏到寒氣迫人的身影之後了。

梅爾維爾告訴了我們孤獨與寂寞結合的力量。

〈刺客列傳〉的聶政，是另一個孤獨的人。

和老母隱居齊國市井的聶政，等老母過世後西去濮陽，見嚴仲子以報知遇之恩。嚴仲子告訴他要殺的是韓相俠累，俠累的宗族盛多，兵衛密佈，因而要給他增添助手。但是聶政的回答是：「勢不可以多人，多人不能無生得失，生得失則語泄，語泄是韓舉國而與仲子為讎，豈不殆哉！」

於是我們看到聶政一人獨行到俠累的相府。「俠累方坐府上，持兵戟而衛侍者甚眾。聶政直入，上階刺殺俠累，左右大亂。聶政大呼，所擊殺者數十人。因自皮面決眼，自屠出腸，遂以死。」

司馬遷在寂靜的文字中敘述這一個慘烈的故事，最後一句話是：「其後二百二十餘年秦有荊軻之事。」是的。這種力量凡二百二十餘年才能再一見，是合理的。司馬遷告訴了我們孤獨與前進結合的力量。

孤獨的作用，不是只為男人而有的。

一個女人，從十三歲就愛上對門一個大她十二歲的男人。然後終其一生等待。在他們還是鄰居的時候等待他多看她一眼；在她跟母親搬到遠方後，就等待自己長大，重回那個城市看他一眼；等她重回那城市，就守著他的住處等待重新看到他；等她重新看到他，就等待他認出她，但他沒有，連和她同過床之後也沒有；她為他生了一個他不知道的兒子之後，繼續等待再和他見一面，等待他認出她，但是他

沒有，連再和她同床一次，把她又當成另一個人之後，仍然沒有。

她從女孩、少女到婦人到死亡，終其一生在等待一個「從不認識我，卻被我所愛的你」。

褚威格在《一個陌生女子的來信》裡，告訴了我們孤獨結合等待的力量。

不論什麼事情，和孤獨結合，都會產生力量的。

孤獨產生力量，而力量也會產生孤獨。

孤獨的自由

◎

十九世紀中葉，美國正是一個在欣欣向榮，往工業化邁進的時代。在大家都要為社會奉獻一己心力的時候，急於邁進新的文明的時候，有人卻可以在眾聲喧嘩中自己找一個遙遠的林野，過一種與世隔絕的生活。然後，兩年兩個月後他又離開了那個林野，在一本書裡寫下了這麼一段回顧：

我離開森林和我去森林都是為了同一理由。對我來說，或許我有更多種類的生活要過，不把更多的時間用在一種生活上。……從我的實驗中，我至少學習到：如果人懷著信心向著他夢想方向前進，努力過他所想像的生活，他便能在一般的日子裡獲得始料所不及的成功。他會放棄某些東西，會超越一種肉眼所不及的界限；在周圍與內心，新的、普遍的、

更通達的法則，會開始建立起來；或者舊的法則擴展開來，以一種更通達的方式向他做有利的解釋，而他也就能在更高層次的境界中生活。他的生活愈形簡單，則宇宙的法則也相對的愈形簡單，因而寂寞不再是寂寞，貧窮不再是貧窮，軟弱不再是軟弱。

而他對孤獨，也就下了這樣的解釋：「不是我們愛孤獨，而是我們愛翱翔。當我們翱翔的時候，我們的朋友會越來越少，到最後一個不剩。」

梭羅講出了因孤獨而自由的原因。

康德所說的，是另一種分析。

　　（自由）不是完全的無拘無束，隨心所欲，而是根據你自己所選擇的規則來行事，是一種自律。……如果你把自己當成是無拘無束、隨心所欲，你就誤解了自由的真義。……真正的自由就是，除了自己的抉擇以外，不受

的意志是否在別人支配之下，為了清醒地告別那些樂於以各種名目、型態被外人、外物所支配的人，我們只能走上孤獨的一條路。

　　孤獨會產生自由，而自由也會產生孤獨。

孤獨的徹悟

任何事物的約束，而你的抉擇，又是從你對自己生命之所是與當是的了解而來的。

　　如康德所言，人生最可怕的，莫過於一個人的意志在別人的支配之下。是的，不論這種支配是出於經濟的理由、政治的理由、愛的理由，還是理想的理由。而為了微細地覺察自己

◎

　　人，只有在一種極致的孤獨狀態下，才可能面對自我。運氣好一點，會有一些對人生，甚至包括對宇宙的徹悟。

　　克拉克在《2001：太空漫遊》裡，借由太空人鮑曼在太空裡失去了他所有的同伴，失去

了謀殺他同伴的電腦，孤獨地漂盪在宇宙的深處，漂過土星，進入伊亞佩圖斯的星之門，講出了孤獨與徹悟的一種關係。

令他靈魂震顫的，不是銀河的深淵，而是一種更深的不安，源自尚未誕生的未來的不

以一種無法言說的速度，從他身身邊流洩而去。隨著他像個影子般穿過一個個銀河的中心，魅影般的太陽紛紛炸開，又落在他的身後。宇宙塵這種冰冷的黑暗廢物，曾經令他驚懼不已，現在則只像是一頭鼓翅飛過太陽面前的烏鴉了。

安。他已經擺脫了原來人類思考時間的框框，現在，隨著他在沉思這一片不見任何星辰的黑空，他知道自己第一次體會到永恒的意味了。

然後他想起他已經不再孤獨。……

再度恢復信心之後，他像一名重拾勇氣的高空跳水者，要動身橫跨光年了。原來被他框在心中的銀河，衝開了框架——星辰和星雲，

星星逐漸稀疏，銀河耀目的光亮也暗澹下來，逐漸從他相逢過的燦爛光華，化為一種淡淡的魅光——但是將來等他準備好之後，會再度與那燦爛光華相逢。

尼采沒去過太空，但是他在那個森林裡的境遇，也是類似的吧。

1881年7月到10月，尼采來到英卡定峽谷的村莊小住。當時他剛與華格納絕交不久，出脫他「一生中最黯淡的冬天」不久。8月裡的一天，他在湖畔的森林中散步，就在走到一塊巨大的嚴石旁邊的時候，「突然，以無法形容的確實與精妙，搖動人類的內心深處，使之驚

動的東西，將會看得見、聽得見的意義而言，啟示這句話，很清楚地表現出事實。……這便是我的靈感體驗。」他體驗到：「人生是在其原有的形態下，沒有意義的、沒有目標的，也沒有對無的最後樂章，而且不可避免地要輪迴，也就是永恒輪迴。這即是虛無主義的極限

形狀，亦是無（意義）的永遠。」尼采為自己所見，所體驗而戰慄，流下歡喜的眼淚。

　　十八個月後，他以區區十天的時間，一氣呵成地寫下了《查拉圖斯特拉如是說》的第一部，並以這樣的文字做了起頭：

　　我要告訴你們有關精神的三種變形：精神是如何變成駱駝，駱駝如何變成獅子，最後獅子如何變成孩童。

　　但是尼采所徹悟的，還是太強烈了。

　　徹悟應該還有一個層次。

　　像是在菩提伽耶的菩提樹下誓言不能悟道，終不起座的那個人，終於在四十九天之後，睜開眼睛看到明星而微笑的那個人。

　　他在那個黎明到底體悟了什麼，看到明星到底是什麼心情，不是後世多少信眾抱著他的像，迎他的舍利，一起唸他的稱號，一起做多少善事，一起做多少捐獻，布多少法，建多大的寺廟，就能跟著體悟的。

　　在一個孤燈之下，一個人好好讀讀《金剛經》，應該是條更好的路。

　　如果覺得「應無所住而生其心」畢竟無從捉摸的話，那麼，看看多年之後惠能給《金剛經》的註，會更清楚一些：「即心是佛，更無別佛；即佛是心，更無別心。如掌成拳，似水成波；拳即是掌，波即是水。」

　　似水成波，波即是水。

　　這應該也就是孤獨與不是孤獨的實相吧。■

從聖安東尼到陶淵明

「當愉悅的事物被移走了，忙碌的人們離開實際的活動，心卻無法忍受房子，孤獨，與牆壁，並且痛恨注意到自己的孤立。」

——塞內卡

文—張惠菁

　　塞內卡（Seneca）寫這段文字的對象，是他的朋友塞瑞紐斯，一位對自己的紛亂思想感到困擾的羅馬公職人員。塞內卡一生與羅馬的公共生活密不可分，曾經擔任皇帝尼祿的老師。但另一方面，他的書寫又總是透露這樣一種永恆的主題：人要如何在紛擾的公共事務中、變化的外在際遇裡，維持一個人獨處時的內心平靜。

　　歷史上，有許多人為了尋求獨處的平靜，走得比塞內卡更遠，出了家鄉四週的城牆，離開人煙聚集之處，朝洞穴與荒野走去。孤獨的經驗，經常與超越智慧的追求有關，耶穌就曾在沙漠裡待了四十天。早期基督徒仿效耶穌，形成了沙漠智者（Desert Fathers）的隱士傳統，一般以埃及底比斯的保羅為第一個基督教隱士。出身富裕人家的保羅成為隱士純屬意外，本來只是為了躲避宗教迫害而避居山中，後來卻在洞穴裡長住下來，活了一百一十三歲。

　　論到知名度，沙漠智者中最為人所熟悉的應該是聖安東尼。他在沙漠邊緣二十年的獨居生活，因為亞歷山大主教St. Athanasius寫的傳記《Vita Antonii》而廣為人知，甚至成為西方

繪畫重要的題材。這些繪畫幾乎都再現聖安東尼的獨居生活為充滿誘惑與考驗，不是有魔鬼化身的美女現前，就是妖怪在旁糾纏不休。這其中隱含著一種訊息——孤獨是危險的，打開了心識的潘朵拉盒子，不知會有什麼鬼怪跑出來。

嚴苛的自我檢視

　　根據傳記，聖安東尼的獨居智慧主要是不斷地觀察自己，把自己攤開在陽光底下：「讓觀察成為對抗犯罪的安全閥：讓我們每個人記下、寫下自己的行為，以及靈魂的衝動，就像是要互相報告一樣；如此你可以確保，基於怕被人知道的極度羞恥，我們會停止犯罪及玩弄有罪的思想。……用這個方法模鑄自己，可使身體屈服，取悅上帝，踐踏敵人的陰謀於腳下。」在獨居中觀察自己，也讓人想起蒙田。蒙田三十八歲那年搬回城堡定居，把塔樓劃為他的私人空間，不受家人干擾。他在那裡閱讀、沉思，以大量的時間檢視自我，並因此說《蒙田隨筆集》主要的材料就是他自己。

　　古代世界的隱士聖安東尼，大概想不到他在沙漠邊的一生，竟然會吸引十九世紀花都巴

黎的小說家福樓拜。福樓拜花了很長時間完成《聖安東尼的誘惑》，以接近劇本般的體裁表現聖安東尼面臨的種種癲狂幻象。而福樓拜對聖安東尼的描寫，又引起一位法國哲學家的注意。傅柯曾為這本小說寫導讀，比較聖安東尼的誘惑，與福樓拜另一部小說《情感教育》裡弗雷德里克在巴黎經驗的愛情與幻滅，從而點出，福樓拜是「以現代世界的散文，把神靈所居的古代世界廢墟中的『誘惑』，轉變為一種『教育』」了。

傅柯對聖安東尼

顯然也很有興趣，分析這位隱士「為自我寫一個劇本以減輕孤寂的折磨」。傅柯當然不是個聖安東尼式的禁欲聖徒，但從某種意義上說，他也許是二十世紀最接近聖安東尼傳統的人，作品充滿了嚴苛的自我檢視。傅柯一個人，是不是也站在後現代的廢墟上，面對其上來來去去的幽靈；並在晚年將研究興趣轉向斯多葛哲學時，揭示著這全都是一種教育呢？

這也許就是歷史上許多過著「一個人」生活的人們，最令人

Corbis

著迷之處。他們選擇孤單與靜默，但卻因而在歷史中投入回聲，每隔一段時間便以倍數的聲納，穿越時間曲折的甬道後返回。司馬遷在將敘述從屈原轉到賈誼時，是這樣寫的：「自屈原沉汨羅後百有餘年，漢有賈生，爲長沙王太傅，過湘水，投書以弔屈原。」雖說A之後數百年而有B，是《史記》的合傳常出現的一種手法，但用在屈原這個在世時不被了解的孤臣身上，更見蒼茫。短短二十多個字，司馬遷將屈原之自沉於汨羅江，與賈誼之貶謫路經湘水，兩個看似孤立的歷史事件，在時間與空間上相連結，彷彿一次典型的重現。太史公也許正是這樣看待歷史上許許多多的「一個人」吧，他們的光榮與委屈，有時是百年後一個不相干的人最能繼承，有時還待後世聖人君子來理解。這當中必定也有他自己，一個因直言極諫而遭受酷刑的史家吧。

隔離外界紛亂的干擾

與儒家學仕合一的入世觀點並存的，是「不事王侯，高尚其事」的人生選擇。前者上看堯、舜、禹、湯、周公的傳統，後者則以許由、巢父、伯夷、叔齊爲典範。《論語》所謂「天下有道則見，無道則隱」，基於「無道則隱」的隱士，顯然與前述聖安東尼等沙漠智者不同，他們隱居的前提是一個不理想的時代，隱居的目的不在追求信仰或智慧，而是切斷紛亂政局對個人的干擾。

但拒絕統治者的邀約是有風險的，統治者明白這種以不事王侯爲高尚的價值觀，會對他們的威權造成多大的損害，而「舉逸民天下歸心」，對合理化政權又是多麼大的誘惑。西漢末年的公孫述便對拒絕出仕的隱士賜以毒藥。在一些比較幸運的例子裡，隱士還能從統治者的徵召中全身而退。例如東漢光武帝即位後不久，北海太守派官吏去徵隱士逢萌，地方居民竟自發地捍衛，使官吏在衝突中受了傷，無功而還。

有些隱居者不與外在世界同流，卻不一定得活得像沙漠聖人那麼孤獨自苦。陶淵明不願爲五斗米折腰而辭了官，聲言「請息交以絕遊」。刺史王弘想認識陶淵明，陶不肯見，王弘就派人買酒等在他往廬山的路上，等陶淵明喝得開心了才出來相見。但陶淵明的日常生活卻不是一個人的隱居，〈歸去來兮辭〉中說「悅親戚之情話，樂琴書以消憂」，他還是很重視親友往來的生活情調。

魏晉南北朝是隱居成爲主流價值的時代，甚至有專爲隱退之人提供的住所。《世說新語》裡戴逵住進中書侍郎郗超爲他準備的住處，寫信給親友說，好像住在公家官舍一樣。但對於那些住得更偏遠的隱士而言，獨居考驗他們與自然和諧共處的能力。晉朝的郭文獨自在吳興餘杭大辟山中住了十幾年。他著名的故事是有次遇見野獸張嘴撲來，卻毫不害怕地把手伸進野獸的喉嚨裡，替牠取出卡著的骨頭。在崇尚自然的魏晉南北朝，郭文的名聲傳開後，反而成了當政者嫗欲迎請的對象，連死前要求回山上，也未能如願。郭文晚年拒絕說話，只用手勢示意。有人問他還能活多久，他把手舉了五

次，果然就死於十五天後。

更令人好奇的，是一種在史書中神秘偶現的隱者。他們是類似對著孔子唱「鳳兮鳳兮，何德之衰」的楚狂接輿。東漢桓帝時，黨錮之禍起，張升回歸鄉里，與友人論及政事時抱頭痛哭，這時旁邊一位老父忽然發出警告了：「吁！二大夫何泣之悲也？夫龍不隱鱗，鳳不藏羽，網羅高陷，去將安所？雖泣何及乎？」宋代大儒程顥、程頤兄弟曾在成都見治篾箍桶者，身邊挾著一本書，仔細一看是《易經》。程氏兄弟與他稍稍交談，若有所悟，第二天再去尋訪，已經找不到人了。

像這樣不知來處去處的人物，在史書中總是被猜測為「隱君子也」。彷彿他們深諳亂世中的保全之道，藏身在廣大如無意識般的匿名性裡。忽然一現，點破玄機，立時又隱沒在無邊的歷史與人群之中。

我們所知道關於歷史上隱士的生活，往往只有片段。除非他們留下了著作，或是生平中有一二事蹟進入了史家的撰述，否則後世的我們無由知之。他們當中有誰曾遭遇聖安東尼式的誘惑，或是感到孤獨苦悶難以承受？隱居是一種漫長的個人過程，但從歷史的角度看又是那麼短暫。明末清初隱於船山的王夫之，晚年的〈船山記〉藉寫山而自述：「無可名之於四遠，無可名之於末世，偶然謂之，欻然忘之，老且死，船山者仍還其頑石。」空間輻輳相聚的偶然，時間無可違逆的抹消力量，面對必然來臨的衰老，死亡，與遺忘，人也不過如同地球表面一頑石。作為歷史上的一個人，或許便是如此地將自己向時空敞開吧。　■

本文作者為作家

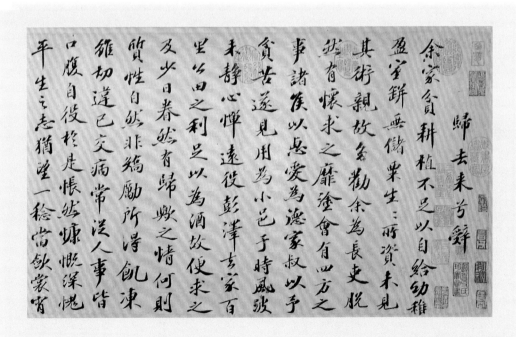

北宋・蘇軾書《歸去來兮辭》／國立故宮博物院藏品

1. 希臘時代之一

古希臘是「英雄時代」。從荷馬的《伊利亞特》與《奧德賽》兩大史詩，就強烈地體現了這種思想取向。英雄主義一方面固然是強調與眾不同、自我實現以成為不平凡的創造物，但其動機則主要是為了獲得大眾的肯定與尊敬，與個人的思想較無關係。

之後，到雅典發展出「民主」體制，把人與群體的關係更加發揚。培里克利斯（Pericles）在一場紀念與斯巴達戰爭犧牲軍士的葬禮上，發表一篇演講，把一個人的價值與意義說明得很清楚：

我們的制度稱為民主政治，因為國家的權力不是在少數人手裡，而是屬於全體公民。⋯⋯沒有任何一個人會因為貧窮而被排除在外。我們的政治活動是自由和開放的，人與人的關係亦是如此。我們在私生活中，彼此不相猜疑，鄰居做他們愛做的事，我們不會給他們臉色看，因為這樣做雖屬無害，但會使人不舒服。我們的私生活無拘無束而彼此寬容，在公共行為中又井然有序，不會越軌，因為我們尊重法律。⋯⋯在這裡，每一個人不只是關心自己的事情而已，我們還視城邦的事務為己任。即使是那些最忙碌的人，對政治也瞭如指掌，這是我們的特點。

由於這個時期的雅典如此重視一個人對政治等公共事務的參予，所以後來亞里斯多德在《尼各馬科倫理學》中認為人是一種社會性動物，因此「獨居的人若不是個神，就是一頭野獸。」他

所關懷的基點在於人如何面對社會施加於自身的種種壓力與事項，而不是人如何面對他自己本身。

因此對城邦時代的希臘人而言，沒什麼比個人遭到流放而孑然孤獨更慘的事情了。

2. 希臘時代之二

希臘時代固然最早指出群體生活的重要性，但也最早指出孤獨與個體的價值。

蘇格拉底認為一個人的行為應該以自己的良知，而不是群眾的肯定為依歸，因而我行我素，不顧公眾的意見，最終為這個信念而以身相殉，因此被認為是最早點醒「個人」意識的哲學家。

其後，柏拉圖在《理想國》中認為要達到身為人的極致型態：哲學家皇帝，則必須孤獨地對共相進行沈思。亞里斯多德也認為「沈思」合乎本己德行，是一種完滿的幸福。

蘇格拉底死後，一些人秉持他對公眾意見不以為意的信念，鄙棄物質財富，在鄉間遊走，對城邦生活的價值冷嘲熱諷，是為犬儒學派。

3. 羅馬時代

早期羅馬是共和體制，承襲希臘時代強調一個人對社會參予、結合的精神。共和末期的政治家西塞羅（Cicero）的論點是個代表。他一方面認為人有與生俱來的權利，非政府所可損害或剝奪；另一方面也主張自我的孤獨並不是人類誕生的目的。社會上每一個人都有權分享大家存在的

<hr>

西方歷史
和
一個人思想
相關的筆記

文一傅凌、墨壘

一部分，因此將個人所能貢獻出來，讓社會結合得更緊密，才是每個人的天賦義務與職責所在。這個時期的羅馬對個人的重視，也顯示在公共空間與私人空間的區隔等等。

進入大帝國時代的羅馬，個人的自由、權利以及相關意識等，都相對萎縮。

4. 中世紀時代

公元開始之後的幾個世紀，持續而來的各種瘟疫和傳染病造成大量人口死亡，人們相信自己是罪

荷蘭畫家Hendrick Goltzius在1616年所畫的《The Fall of Man》。　　　　Corbis

有應得，懺悔和求救的願望強烈，另外羅馬帝國衰微，各地戰亂頻仍，人們越來越相信日益興旺的基督教。基督被看作是一切身體和心靈苦痛的救世主。

基督教的信仰中，《聖經》本來肯定在沙漠中獨處的狀態，認為沙漠是一處特別受推許的退隱之地，是猶太民族逃離異教徒破壞的去處，也是先知領受上帝意旨的地方。耶穌本人就有在曠野獨處四十天接受撒旦誘惑的紀錄。

因此從第三世紀開始，有許多男女到沙漠中孤獨一人，禁欲苦修，是為「沙漠聖父」。但是在大約同時，基督教的主流也越來越世俗化，產生出另一股不同的力量。從第四世紀到十四世紀的歐洲社會，一方面當時的人們普遍認為孤獨的生活十分危險，因為一個人必須單獨面對自然界的野獸與成群的強盜或蠻族的迫害，因而有人主張應該立法禁止獨居式的隱修。

1486年施班爾（Jacob Spener）的《女巫的槌子》（*The Witches' Hammer*）中，提出一個女人獨處的時候，心中所想的無不是邪惡的事情，因而為獵殺女巫的活動提供理論基礎，是個高潮的代表。

對孤獨的利弊有極為對立的立場，是歐洲中世紀的一個特點。

5. 文藝復興至十七世紀

文藝復興以及各種科學的突破，使得歐洲人以一個新的角度看待世界。人類對自己體內與宇宙的認識都與過去截然不同，因而開始成為一個有自覺的「個體」。以繪畫而言，十三世紀之前的肖像畫裡，看不出畫中人的任何個性。要到十五世紀末，自畫像才變成自我探索，或大膽表現內在真實個性的手段；到十七世紀林布蘭的一系列自畫像，是這個流風的巔峰。

宗教改革也加速個人主義的發展。幾個原

1.周朝之前

古時候的中國，隱士之風甚盛。堯讓天下於許由，許由不接受，感到羞恥跑到穎川去洗耳朵，最後隱居起來，從此成了高節之士的典範。

舜以天下讓善卷，善卷拒絕，「於是去而入深山，莫知其處。」後來舜又以天下讓其友北人無擇，北人無擇覺得受到侮辱，跳淵自殺，開啓了日後高節之士投河自盡的先例。

商湯討伐夏桀之後，讓位於卞隨，卞隨自投椆水而死。湯於是又讓位給瞀光，結果又使得瞀光自沈於廬水。商朝末年，伯夷與叔齊因爲彼此都拒絕接受王位而逃走，並投靠了西伯侯姬昌。後來周武王滅掉商紂王，伯夷、叔齊因爲對武王弒君之事感到羞恥，而逃到首陽山上隱居，不吃周朝生產的米糧，終於餓死。

2.周朝

這種隱士高節之風傳爲美談，到周朝發生變化。姜太公因滅紂有功，被封於齊國。齊國東海上有兩兄弟互相商議說要自立自強、自耕自食，不靠做官來維生，不做天子的臣下，不與諸侯親近。於是自己也當過隱士的姜太公把他們抓來殺了，理由是：「不臣天子，不友諸侯，吾恐其亂法易教也。」這件事震撼了齊國，也使得當時齊國的隱士喪失了個人的自由，並開啓了個人的存在若不能符合國家的利益甚而危害到國家的利益的時候，必須被犧牲的觀念，也即天下重於個人的主張，對日後有著莫大的影響。

日後到明太祖朱元璋制訂《大誥》時，其第十條便規定：「寰中士大夫，凡不爲君用者，其罪皆至抄扎。」是姜太公殺隱士事例的更進一步法律明文化。

3.春秋戰國

周朝的政治體制、禮制破壞，原屬於貴族才有的知識散入民間，同時，各國之間爲了拉攏人民與人才的競爭激烈，因此各種思想群起。

以孔子爲代表的儒家，把個人與社會的關係做了全面的定位，從孝道、個人進退之道，以至於大同世界的理想，都各有所述。儒家經典《禮記》中，特別強調：「是故君子愼其獨也。」另外，儒家對個人提出的修身、齊家、治國、平天下的觀念，更對此後一個人的觀念有著深遠的影響。

此外，荀子認爲「人能群，彼（牛馬）不能群也」是人有別於禽獸的原因，因此重視團結，也因而影響日後法家思想的形成。

法家商鞅推行的諸多政策中，實施財產私有制，推行連坐法，禁止私鬥，是對「個人」棒子與胡蘿蔔俱下的措施。

老子與莊子的思想，則把個人與自然的關係做了闡述。老莊思想，從此對後世不欲爲儒家人際關係所縛的人，提供了一個思想上的出路。

墨子認爲人世許多的紛爭就是起源於人與人之間不相愛，因而提倡兼相愛、交相利的兼愛思想。楊朱認爲：「人人不損一毫，人人不利天下，天下治矣！」因而主張「拔一毛以利天下不爲也」。並主張順應自然而放棄外物，強調身內重於身外，個人重於天下！

4.秦漢

大一統帝國出現。漢武帝開始，獨尊儒家，社會的價值觀以群體爲依歸，倫理思想成爲顯學。從此統治者長期營造出以儒家爲表、法家爲裡的社會形態，個人的價值觀則隱而不現。

5.魏晉南北朝

長期戰亂，天災人禍不斷，因此個人或者尋求於道教、佛教的個人修爲，以求解脫；或者狂狷，刻意以驚世駭俗之舉來突現一己的個性。這時流行的「清談」可視爲對長期主流經學思想、倫理思想的一種反動。

也由於是亂世，所以個人家族的力量反而突顯，「名門」特別

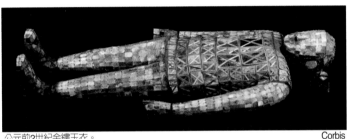
公元前2世紀金縷玉衣。　　　　　　　　Corbis

受到重視，這種價值觀也反映到婚姻等不一而足的各個社會層面。

陶潛是這個時期最具代表性的一個隱士。

6.隋唐

進入隋唐之後，由於奠定了科舉制度，因此大量平民寒士可以一躍龍門，各種新貴族取代舊名門。但也由於科舉，知識呈現統一化與單調化的問題，再加上太平盛世，又接續兩晉華麗文風，因而詩文大盛，「文學」之士盡享風流。唐朝中葉之後，佛教禪宗尤其大興，以明心見性，直指個人人心的覺知爲重。但也因此，唐朝後期有韓愈排佛、倡儒，再度訴之經訓，並且提出「性」、「情」之說，爲日後宋代理學埋下種子。

7.宋明理學

經過唐末與五代的亂世，宋朝要整頓社會的秩序，儒學又再抬頭，定下各種人際的行爲規範，影響將近千年。而程顥、程頤、朱熹等人希望在儒家傳統的倫理思想中再追求一個超越其上，可以解釋人世與宇宙一切道理的「理」，要「格物窮理」、「窮理盡性」，是爲「理學」。

理學因爲強調從日常生活的每一件事情上都要進行這種思索與探究，也就是「格物」，因而更加重視「愼獨」。與朱熹同時的陸九淵則認爲事事都要「格物」，會流於枝節，認爲心才是最重要的，掌握了心就是掌握了「理」，不應有「天理人欲」、「道心人心」之別，故曰「心即理」。此後，陸九淵一派之理學乃又稱「心學」。

由南宋而明，一直以「理學」當道，直到王陽明的時候，心學才大盛。但明代後期因爲心學太盛，流於空談，狂狷當道，終致有顧炎武所言：社會沒有講究實用之人，是導致亡國原因之一。

8.清代

清代再度高度宣揚朱派理學的思想，把宋代定下的種種人際行爲的規範更加強化。

9.二十世紀

民國建立後，西方思潮沛然莫之能禦。中國的人際理論與行爲，告別宋朝以來的傳統體系。

於是以五四運動爲代表，有自由主義等理論進入中國。集體主義與個人主義，也各有其擁護者。1950年，中共建政後，進入集體主義的實現期，直到80年代才開始另有轉折。台灣1987年的政治解嚴後，個人價值與自由得到充分的解放。

參考書籍：《中國倫理學史》（蔡元培，臺灣商務）、《中國思想史》（葛兆光，復旦大學出版）、《諸子集成》等書。　　　　　　■

Maps 一個有待補充的筆記

編輯部

中國與一個人相關大事紀

● 人類社會，最早是群婚，亂婚，也就是多夫多妻，或雜交。後來再出現母系社會的一妻多夫。中國到商朝還有群婚或是一妻多夫的情況，所謂「貞帝多父」，「古之時未有三綱六紀，民但知其母，不知其父」。所以商代父子之關係特殊不明，而兄弟之輩可數。

● 周朝建立之後，重禮制，「以遠於禽獸」，建立一夫一妻制。但是從周到清，幾千年間雖然說是一夫一妻，因為有「妾」的存在，事實上是一夫多妻制。妾的起源當在早期掠婚時代。「男為人臣，女為人妾」——其實是奴婢。

婚姻本作「昏姻」，因為古時候娶妻之禮要在黃昏時分舉行——「娶妻之禮以昏為期，因名焉」（《禮記》）。而「昏禮者，將合二姓之好」，所以「為族娶婦為重，為個人娶妻為輕」。

● 古時候的中國，隱士之風甚盛。從堯舜到商朝，都屢有讓天下於賢人，賢人不受而隱的傳統。到周朝，自己也曾當過隱士的姜太公，殺了兩個曾做隱士的人，理由是：「不臣天子，不友諸侯，吾恐其亂法易教也」，從此開啟了天下重於個人的主張。

● 《呂氏春秋》說：「皋陶作刑。」皋陶是堯時候的人。至於囚，甲古文作「圉」，像一個被關在牢中而桎梏著手的罪犯。周朝事事強調禮制，有人犯法時，《周禮》將「刑」的嚴重性排在「囚」之前。

● 中國的個人書寫工具，毛筆，從商代就有。

● 姜太公開始，釣魚活動被與隱士行為聯繫了起來，日後更因為〈楚辭·漁父〉中屈原與漁父的對答而加深了這種印象。

● 根據考古調查，印章最晚到東周時期便已出現。

● 春秋時代，先是諸侯把原本維持天下秩序的禮制大加破壞，公元前536年，鄭國將《刑書》（法律條文）鑄於戰鼎之上，開啟法家公布成文法的先河；公元前513年，晉國鑄造刑鼎，將范宣子所撰《刑書》鑄於其上。這兩件事情象徵著「禮崩樂壞」已經延續到了平民階級，所以不得不以嚴格的法制來取代自覺的禮儀，以約束人民的行為、維持國家的基本秩序。

● 春秋時，晉文公燒山，介之推「不出而焚死」。

夏		商		西周	
4000BC. 3000BC. 2000BC.		1200BC.	1000BC.		800BC.

以歐美為主的其他地區與一個人相關大事紀

根據〈舊約·創世紀〉的記載，上帝在創世的第六天因為感到亞當孤獨一人太過寂寞，便說：「那人獨居不好，我要為他造一個配偶幫助他。」於是拔下亞當身上一根肋骨，造了夏娃。

● 巴比倫國王所訂制的《漢摩拉比法典》規定：「如果某男子決意離棄為自己生有孩子的妾或要求得到孩子的妻子，那麼他除應將她的嫁妝歸還給她之外，還應將一部份田園財產的使用權和收益權賦予她，以便她得以撫養自己的孩子。」

● 瑜珈是印度婆羅門教的一個派別，梵文稱為 yoga。瑜珈有所謂的八支行法，分別是：禁制、勸制、坐法、調息、制感、執持、禪定、三時。

● 古希臘的英雄主義一方面固然是強調與眾不同、自我實現以成為不平凡的創造物，但其動機則主要是為了獲得大家的肯定與尊敬，與個人的思想無關係。後來城邦時期的雅典則發展出最早的民主制度，重視一個人對政治等公共事務的參予，所以後來亞里斯多德在《尼各馬科倫理學》中認為人是一種社會性動物，因此「獨居的人若不是個神，就是一頭野獸。」對城邦時代的希臘人而言，沒什麼比個人遭到流放而孑然孤獨更慘的事情了。

● 荷馬《奧德賽》裡的尤里西斯，是西方一個人流浪的原型。

● 瑣羅亞斯德（Zoroaster）於前六世紀時所創的瑣羅亞斯德教，其經典《耶斯特》（Yasts）提出：無論是平民還是君主，最大惡行就是不讓已經長大多年的使女結婚生子。「瑣羅亞斯德」就是日後尼釆所寫《查拉圖斯特拉如是說》所假借的人名。

● 釋迦牟尼（Sakyamuni）於公元前5世紀創立佛教。印度小乘佛教上座部系統法藏部戒律《四分律藏》，共分四大部分，其第一部份規定了比丘應該遵守的250條戒律，第二部則規定了比丘尼應該遵守的348條戒律。其中規定僧人若犯「淫、盜、殺、妄語」其中一項，便要被逐出僧團，永遠不許再為釋家弟子。

● 春秋時，晉國趙武、程嬰等人殺屠岸賈復仇，是有名的趙氏孤兒。

● 以孔子為代表的儒家，把個人與社會的關係做了全面的定位，從孝道、個人進退之道，以至於大同世界的理想，都各有所述。儒家經典《禮記》中，特別強調：「是故君子慎其獨也。」另外，儒家對個人修身、齊家、治國、平天下的觀念，更是對此後一個人的觀念有著深遠的影響。

● 荀子認為「人能群」是人有別於禽獸的原因，因此重視團結，也因而影響日後法家的思想。法家商鞅推行的諸多政策中，實施財產私有制，推行連坐法，禁止私鬥，是對「個人」棒子與胡蘿蔔俱下的措施。

● 老子與莊子的思想，則把個人與自然的關係做了闡述。老莊思想，從此對後世不欲為儒家人際關係所縛的人，提供了一個思想上的出路。

墨子認為人世許多的紛爭就是起源於人與人之間不相愛，因而提倡兼愛、交相利的兼愛思想。楊朱認為：「人人不損一毫，人人不利天下，天下治矣！」因而主張「拔一毛以利天下不為也」。

● 《孫子兵法》提倡將帥的自主性與專業化。吳起禁絕個人英雄主義，強調整體與秩序至上的觀念，迅速地主導了整個戰國時代的軍事思想，最終影響到了秦統一天下的歷程。

● 《呂氏春秋》提到海上有逐臭之夫，一種特別的人。

● 戰國開始單騎騎兵作戰。

《穀梁傳》提出：「獨陰不生，獨陽不生」的理論，而醫書《素問》則認為男女單身則陰陽不調，易生疾病。《史記》更記載淳于意一個個案的實證。

● 秦統一天下之後，繼之以漢，大一統帝國出現。到漢武帝時期，獨尊儒家，社會的價值觀以群體為依歸，倫理思想成為顯學。從此統治者就長期營造出以儒家為表、法家為裡的社會形態，個人的價值觀則隱而不現。

● 司馬遷因為投降匈奴的漢朝名將李陵上奏辯護，而被漢武帝處以宮刑。他雖然痛不欲生，但也認為「人固有一死，或重於泰山，或輕於鴻毛」並且為了完成父親司馬喜的遺願，便決定忍辱負重並發憤著書，最終在無親無故而孤獨的狀態下完成了《史記》。《史記》有〈刺客列傳〉與〈游俠列傳〉，為後人記下了一些有個性的人物。

班昭在《女誡》中陳述了女子四行或四德為：婦德、婦言、婦容、婦功。

春秋	戰國	秦	西漢	新莽	東漢
600BC.	400BC.	200BC.	50BC.	0	

● 蘇格拉底認為一個人的行為應該以自己的良知，而不是群眾的肯定為依歸，因而我行我素，不顧公眾的意見，最終為這個信念而以身相殉，被認為是最早點醒「個人」意識的哲學家。其後，柏拉圖在《理想國》中認為要達到身為人的極致型態：哲學家皇帝，則必須孤獨地對共相進行沈思。

● 蘇格拉底死後，學生安提西尼（Antisthenes）等秉持他對公眾意見不以為意的信念，鄙棄物質財富，在鄉間遊走，對城邦生活的價值冷嘲熱諷，是為犬儒學派。

● 亞里士多德也認為「沈思」合乎本己德行，是一種完滿的幸福。

早期羅馬是共和體制，承襲希臘時代強調一個人對社會參予、結合的精神。共和末期的政治家西塞羅（Cicero）一方面認為人有與生俱來的權利，非政府所可損害或剝奪；另一方面也主張自我的孤獨並不是人類誕生的目的。這個時期的羅馬對個人的重視，也顯示在公共空間與私人空間的區隔等等。進入大帝國時代的羅馬，個人的自由、權利以及相關意識等，都相對萎縮。

● 拿撒勒人耶穌（Jesus）創立基督教，《聖經》提出了身為基督徒所須予以遵守的誡律，稱為十誡。

● 漢平帝時期的中散大夫譙玄，因王莽篡位而改名易姓，隱居起來，成為佳話。

● 東漢末年張道陵創道教之後，老子被奉為道家之祖。道家有胎息法，葛洪在《抱朴子內篇·釋滯》提到胎息法有去病、止血、在水上行走、不飢渴、延年益壽等功用，並闡述了胎息的訓練方法。而不管是中國的胎息還是印度的瑜珈，都注重打坐與寧靜，是非常個人化的運動。

● 東漢末年魏伯陽寫作《周易參同契》，是世界上最早的煉丹術著作。而東晉·葛洪的《抱朴子》除了繼續討論煉丹的問題之外，更為服食丹藥成仙的可能性進行了辯論，並主張成為長生不死的神仙是人類的終極目標，而達到這個目標的方法則可藉由服食金丹、仙丹而完成。

● 曹操當陽長阪坡一戰，將劉備打的落花流水，趙雲為解救劉禪，單騎七進七出戰場，成為佳話。

● 陶潛是南北朝時期最具代表性的一個隱士。

● 從南朝宋代范曄《後漢書》開始有了〈獨行列傳〉，此後的史書陸續有〈隱逸列傳〉、〈處士列傳〉、〈逸士列傳〉等，《南史》之後則合〈隱士、處士、逸士〉為〈隱逸列傳〉，描寫的都是隱士一類人物。

● 南齊《褚氏遺書》有言：「女人天癸（月經）既至，逾十年無男子合則不調。」而梁·陶弘景《養性延命錄》也說：「彭祖曰：凡男不可無女，女不可無男。若孤獨而思交接者，損人壽、生百病，鬼魅因之共交，失精而一當百。」顯然都認為單身的狀態對身體是沒有益處的。

● 南朝齊駢文家孔稚珪寫作〈北山移文〉，諷刺當時一些藉由隱居生活以謀求官職的士人。

● 陶弘景出身於南朝士族，十歲時受到葛洪《神仙傳》的影響而立志養生，梁武帝雖屢聘不出，但當有時仍以書信徵詢陶弘景之意見，故史稱其為「山中宰相」。陶弘景終身不娶，「善辟穀導引之法，年逾八十而有壯容。」是道教上清派與茅山派的創始人。

● 公元前一世紀時，佛教從今天新疆傳入中國。到南北朝時，佛教大盛，與儒道二教鼎足而立。梁武帝時代，達摩東來，「一葦渡江」，後來在嵩山少林寺後山的洞穴中面壁九年，開禪宗之先。

● 南北朝時，由於是亂世，所以個人家族的力量反而突顯，門閥之見盛行，名門大戶「不與卑族微姓通婚」，而卑族微姓則不惜多納聘金，攀婚高門。
唐因此風太嚴重，把南北朝之望族七姓十家禁令自為婚姻，但效果不大。他們即使女老不嫁，亦不願與他姓締婚。最有意思的是，唐文宗要以公主下嫁他們，還被拒。到五代以後，「取士不論家世，婚姻不問閥閱」逐漸成為趨勢。士庶之階級內婚制才逐漸消失。

三國　西晉　東晉　南北朝　隋
200　　　　　400　　　　　600

● 公元開始之後的幾個世紀，持續而來的各種瘟疫和傳染病造成大量人口死亡，人們相信自己是罪有應得，懺悔和求救的願望強烈。另外羅馬帝國衰微，各地戰亂頻仍，人們越來越相信日益興旺的基督教。基督被看作是一切身體和心靈苦痛的救世主。

● 從第三世紀開始，有許多男女到沙漠中孤獨一人，禁欲苦修，是「沙漠聖父」。但是在大約同時，基督教的主流也越來越世俗化，產生出另一股不同的力量。從第四世紀到十四世紀的歐洲社會，一方面當時的人們普遍認為孤獨的生活十分危險，因為一個人必須單獨面對自然界的野獸與成群的強盜或蠻族的迫害，因而有人主張應該立法禁止獨居式的隱修。

● 約於250年，羅馬人已使用萬用小刀，是瑞士軍刀（Swiss Army Knife）的前身。而瑞士人艾森納（Karl Elsener）則於1897年取得瑞士軍刀的發明專利權。

● 蘇拉史蒂卡（Saint Scholastica，480-543）出生於羅馬的一個貴族家庭裡，有一個雙胞胎哥哥本篤（Saint Benedict），其母親在分娩時去世。她與她哥哥終生奉獻於傳教事業，最後在一次祈禱之後，化身為白鴿飛上天堂，聖本篤便將她的屍體搬回修道院埋葬在本來為自己所準備的墳墓中。

● 第六世紀，西方一個人書寫的工具鵝毛筆出現。

● 穆罕默德（Muhammad，570-632）生於麥加，於公元七世紀在阿拉伯半島創立伊斯蘭教（回教）（Islam），「islam」是「服從」之意。其宗教聖典是《可蘭經》。主要戒律包括：不偷盜、不姦淫、孝敬父母與善待孤兒、窮人等。

- 玄奘十三歲時出家為僧，於公元629年獨自一人前往印度求法取經，途經一百一十個國家。於公元645年正月回到長安，受到唐太宗召見，受命將沿途所見所聞撰修為西域傳，因而留在長安弘福寺，由朝廷供給所需。玄奘於該年五月譯成《菩薩藏》，並於隔年撰成《大唐西域記》。

- 唐朝詩人陳子昂〈登幽州臺歌〉：「前不見古人，後不見來者。念天地之悠悠，獨愴然而涕下。」及詩仙李白〈月下獨酌〉：「花間一壺酒，獨酌無相親。舉杯邀明月，對影成三人。」都是孤獨情懷的千古絕唱。

- 唐朝李商隱妻子死後不再續絃，曾為悼念亡妻而作〈錦瑟〉詩云：「錦瑟無端五十弦，一弦一柱思華年。……此情可待成追憶，只是當時已惘然。」還有無題詩：「相見時難別亦難，東風無力百花殘。」及「春心莫共花爭發，一寸相思一寸灰。」宋朝蘇軾在妻子死後也不再續絃，一日夜夢妻子來歸，作詞：「十年生死兩茫茫，不思量，自難忘。千里孤墳，無處話淒涼。……料得年年腸斷處，明月夜，短松岡。」這些詩詞都說盡了一個人的凝情情懷。

- 宋代有程頤上接周敦頤，下傳朱熹而發展出理學，成為儒家的重要流派。程頤有「餓死事極小，失節事極大」之名言，中國人後來對婦女貞節之重視，程頤這句話影響深遠。宋代之前，對女性婚前的「貞」，雖然也很重視，但更重視的是婚後的「貞」以免亂了宗紀。但是到了宋朝，男人除了重視女人婚後的貞節外，對女人的處女情結也開始大盛，特別重視起婚前的「完璧之身」。對女人婚前婚後的貞節都強調到這種程度，因此宋元之後的婦女，為免體膚為人所見，盛行有病諱醫。
中國女人自宋代起，意識與權益大受壓抑。

- 最早的牙刷稱為「楊枝」起源於印度，據說是由釋迦牟尼向弟子們傳授的：「汝等用樹枝擦牙，可除口臭，增加味覺，可得五利也！」據敦煌莫高窟壁畫顯示宋朝時中國人已開始使用牙刷刷牙，而考古出土的兩把遼代牙刷，則表明當時已有植毛的骨柄牙刷。

- 馬致遠的元曲：「枯藤、老樹、昏鴉，小橋、流水、平沙，古道、西風、瘦馬。夕陽西下，斷腸人在天涯。」將遊子孤獨的心緒表現的淋漓盡致。

唐　　　　　五代　　　　　北宋　　　　　南宋　　　　元　　　　明
800　　　　　1000　　　　　　200　　　　1400

- 715年，英國人萊斯布里吉（John Lethbridge）發明皮革製成的潛水衣，可以包住整個身體；潛水衣內容納了約可提供潛水員呼吸三十分鐘的氧氣，身著此衣最深可下潛到30尺的深度。

- 996年，法籍教士熱爾拜爾（Gerbert of Aurillac，945-1003）發明了機械鐘，後來他成了第一個法籍教宗西爾維斯特二世（Pope Sylvester II，999-1003）。

- 自助餐起源於八至十一世紀北歐斯堪的納維亞半島的海盜。海盜為了慶祝收穫而舉行宴會，但因為他們並不熟習吃正餐的禮節，因而發明了自己到餐台上挑選食物的飲食方式。

- 眼鏡的出現有兩種說法，一種說是十三世紀義大利人發明的，一種說是中國人發明之後傳入西方的。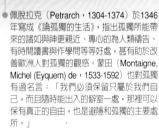達文西最早提出把人造鏡片直接放在眼球表面以矯正視力的構想。到1887年，德國眼科醫生費克（Adolf Eugen Fick）製作出首批隱形眼鏡鏡片的模子，以及裝戴隱形眼鏡的方法。膠製隱形眼鏡則在1936年發明。

- 四千多年前的古埃及時代，已有有關古埃及人運用香料的紀錄。十二世紀，法國出現香水製造者公會。古龍水則是一個義大利理髮師於1709年在德國科倫發明的。

- 佩脫拉克（Petrarch，1304-1374）於1346年寫成《論孤獨的生活》，指出孤獨所能帶來的諸如與神更親近、專心的為人類禱告、有時間讀書與作學問等等好處，甚有助於改善歐洲人對孤獨的觀感。蒙田（Montaigne, Michel (Eyquem) de, 1533-1592）也對孤獨有過名言：「我們必須保留只屬於我們自己，而且隨時能出入的僻室一處，那裡可以保有真正的自由，也是避隱和孤獨的主要處所。」
但大約同時，對修道院制度的建立有所貢獻的聖巴西略（St. Basil）卻認為孤獨除有違傳道的本質之外，也會讓人產生自足的錯覺與驕傲，因而嚴禁轄下的僧侶遁入孤獨的隱修方式之中。

- 1486年施班爾（Jacob Spener）在《女巫的槌子》（The Witches' Hammer）中，提出一個女人獨處的時候，心中所想的無不是邪惡的事情，因而為獵殺女巫的活動提供理論基礎，是個反孤獨的高潮代表。

Part3
在愛情與婚姻
之間
Between Love
And Marriage

「一個人嗎？」

1. 回到單身生活，才會發現這個城市真的有一條隱形的線。所有的兩人節在那邊，你在這邊。豪華電影院雙人座在那邊，你在這邊。康寧瓷器套組在那邊，你在這邊。三盒優酪乳包在一起，無法拆封成單人份。打折的衛生紙全部都是家庭號。IKEA的單人沙發就是缺少兩人座獨有的花色。算一算，今年的喜帖，又付出了多少單身稅款？「一個人嗎？」走進一家簡餐店，直接被帶到一個靠近廁所或廚房的座位。沿路憐憫的眼神則暗示著你一定有什麼致命的人格缺陷。如果剛好有成雙成對的情侶檔進駐，很快的不是被要求和和別人併桌，就只能面壁思過。

2. 整個城市卻也提供了各種「Single Only」的歡樂裝置：

健身房：單身者的天堂。從15歲到45歲單身者的約會聖地！有錢多金的帥哥同志，在男教練的有氧舞

蹈課上抬腿抬得特別用力的空巢期貴婦，分隔兩地的假日劈腿族！

酒吧：一個禮拜中某幾天單身男女免費。

深夜書店：只有不受嬰兒哭聲攻擊的幸運人士，才能在深夜來一趟探索自我，求知充電的心靈之旅。傳說中援助交際者24小時的中繼站，也是單身者彼此搭訕的好據點。

購物中心：盡情自在的購物是一個人幸福的極致。雖然少了任勞任怨的挑夫，卻也不用再三步一回頭看人臉色。或許少了一張白金卡附卡，卻也不用再背負薛凱子的惡名。買任何東西都不用再考慮對方的品味。畢竟就像當初分手的理由一樣，Manolo Blahnik實在無法搭配萊爾富夾腳拖鞋。於是，從遠企到五分埔，從Max Mara到三年二組，未來有無限的可能。誰知道下一位會是Cerruti雙排扣鐵灰西裝還是D&G軍綠防風夾克？感謝偉大的購物中心，只要持續販賣夢想，我們被削一百次也甘願！

Part3
在愛情與婚姻
之間
Between Love
And Marriage

一個人的超連結12則

星座，八卦和資本主義閒話

文—李康莉

插圖—Gavin Reece

偉大的心靈

　　常常保持一個人的狀態容易讓人產生高人一等的幻覺。比如在山中打坐，數天素食的暈眩當中，開始想像自己的前世是得道高僧一類的事。此種自我擴張，妄想幻聽的現象在偉人身上尤其明顯。梭羅，盧梭，佩脫拉克，叔本華。當然我們永遠無法判別釋迦牟尼肉身斷食的齋戒，是否只是神經性厭食症的結果？穆罕默德在荒野中聽到天啟，是否只是第三期精神分裂？我們也無法得知，如果齊克果是無往不利的師奶殺手，是否還寫得出荷爾蒙受挫的《誘惑者日記》？如果此生無法成為文學天才，卡夫卡充其量只是一個社交白痴。如果沒有花上一段時間閉門造車，小證券交易員是否能想出用鑽石洗錢的高招？孤獨是我的病症還是我的才藝？像是兩條無法交會的平行線，不論想成為諾貝爾文學獎得主還是校園炸彈客，偉大的心靈往往從壁花小姐開始。

寵物

　　1. 監禁是一個人的究極狀態。此種刑罰的可怕之處在於逐漸喪失外界的座標，最終失去自身的存在感。許多囚犯因此用注意牙痛，集體跳康康舞等方式集中意志。在亞瑟‧寇斯勒的小說《正午的黑暗》中，主角則以馴養寵物的方式重建和世界的關連感。在精神崩潰邊緣，一隻貌似金龜的小蟲從牢房外路過。因為兩隻翹翹的觸鬚，寇斯勒把它命名為「薩爾瓦多‧達利」。從此達利不但變成帕那果利斯最好的朋友，還成為聆聽他告解的神父。靠著和達利的美好友誼，帕那果利斯渡過險些失去自我意識的心靈狂暴期。最後當小蟲被警衛活活踩死：「啊，那直將我的孤絕，整個拉到我的面前。」

2. 就像婚姻關係，明明是逃避孤獨所以找伴，最後卻被定期餵食的義務套牢。許多人在飼養寵物之後，才懷念起從前的單身生活。怕麻煩的S，因此選擇了常搞自閉的印度星龜，或話並不多的馬達加斯加蜥蜴。（這類動物的缺點據說是在寵物主人聯誼會上動作太慢，往往面臨被貴賓狗美女淘汰的命運。）寵

物的作用在於多少提供一個感情投射的對象。不過再獨立自強的寵物，日子久了也都一樣愛吃又愛碎碎唸。多半的寵物和人類一樣自私又討人厭，想被愛又不願愛人。如果不想讓彼此陷入憂鬱症的折磨，根據某部荒島電影，領養一顆叫Wilson的破足球應該會有不錯的效果。

Yahoo交友之星

1. 如果生活存在感低落，或是被老闆徹底摧毀自我價值，只要從各大入口網站登錄身高，體重，三圍，年齡在內的基本資料，馬上有機會成為本週交友之星。從虛幻的人氣指數和「愛的鼓勵」將迅速重建你的自信。

2. S在成為交友之星後，一週內即收到115封速配快遞。大量匪夷所思的求愛信件如雪片飛來。署名包括：「海豚彎戀人」，「金誠武」，「吃腳皮狂魔」，其中最具代表性的尚有：「很肥但是很溫柔的五花肉」（雖然說誠實是一項美德……）「躁鬱熊，吼，吼，吼」（這裡不是精神科門診！如果有抓不到兔子的焦慮，請找森林管理委員會協調解決。）「最後等我的會是微笑，抑或只是一個無奈與孤獨的嘆息？」（……文藝青年來了）「殺人者無罪，毀滅世界有理！」（請直接和霹靂火劇組或半島電台連絡！）還有這位Mr. "我在等什麼"：「我真的好累好累，想找一個人可以依賴，可以擁抱，我每天晚上都睡不著，好想好好的睡一覺，這樣的願望會不會很愚蠢呢？」（不會。你需要的只是一隻奶嘴，或是

去超級市場買一支球棒，把自己打昏！）還有這位 "抽根煙叔叔"：「我就是這樣！你能拿我怎樣？只要我喜歡！你能拿我怎樣？為了怕大家不知道大腿如何保持乾燥，我特地拍了照片以及請了我妹作圖示的動作！看，猛吧！我喜歡運動，看電影，旅遊，吃大便（（你不敢吧））另外無聊就搶一下銀行啦，打劫啦，綁架啦‧‧‧（（你不敢吧））最近流行帶炸彈衝警察局以及總統府！最近想去北極裸奔，在凱達格蘭大道飆豬，飛越總統府 !!!!! ㄟ，最近在練習瑜珈術，因為想用腳指頭挖鼻孔。（（你不敢吧））各位還有不清楚ㄉ嗎？」（我不敢，沒有，謝謝，再連絡！）以上轉載均「爭」得當事人同意！

「一個人嗎？」

1. 回到單身生活，才會發現這個城市真的有一條隱形的線。所有的兩人節在那邊，你在這邊。豪華電影院雙人座在那邊，你在這邊。康寧瓷器套組在那邊，你在這邊。三盒優酪乳包在一起，無法拆封成單人份。打折的衛生紙全部都是家庭號。IKEA的單人沙發就是缺少兩人座獨有的花色。算一算，今年的喜帖，又付出了多少單身稅款？「一個人嗎？」走進一家簡餐店，直接被帶到一個靠近廁所或廚房的座位。沿路憐憫的眼神則暗示著你一定有什麼致命的人格缺陷。如果剛好有成雙成對的情侶檔進駐，很快的不是被要求和和別人併桌，就只能面壁思過。

2. 整個城市卻也提供了各種「Single Only」的歡樂裝置：

健身房：單身者的天堂。從15歲到45歲單身者的約會聖地！有錢多金的帥哥同志，在男教練的有氧舞

蹈課上抬腿抬得特別用力的空巢期貴婦，分隔兩地的假日劈腿族！

酒吧：一個禮拜中某幾天單身男女免費。

深夜書店：只有不受嬰兒哭聲攻擊的幸運人士，才能在深夜來一趟探索自我，求知充電的心靈之旅。傳說中援助交際者24小時的中繼站，也是單身者彼此搭訕的好據點。

購物中心：盡情自在的購物是一個人幸福的極致。雖然少了任勞任怨的挑夫，卻也不用再三步一回頭看人臉色。或許少了一張白金卡附卡，卻也不用再背負薛凱子的惡名。買任何東西都不用再考慮對方的品味。畢竟就像當初分手的理由一樣，Manolo Blahnik實在無法搭配萊爾富夾腳拖鞋。於是，從遠企到五分埔，從Max Mara到三年二組，未來有無限的可能。誰知道下一位會是Cerruti雙排扣鐵灰西裝還是D&G軍綠防風夾克？感謝偉大的購物中心，只要持續販賣夢想，我們被削一百次也甘願！

「讓我靜一靜！」

人總是懷抱著各種偉大的秘密。有時秘密太過偉大無人分享所以感到孤獨，但也有可能是被人群放逐，所以創造秘密來掩蓋不受歡迎的事實。一個人若是在人際關係中受傷，最安全的方法就是退回到自己的洞穴裡去。不論是在曠野中靜坐，還是在神木前沉思，不論是乘電梯直達京華城的球型圓頂，還是在Call-in頻道前獨享微波晚餐，適時的離群索居往往產生神奇的鎮定和排毒作用。暫時關掉手機，成為一隻與世隔絕的甲蟲。在短短兩天無鬧鐘限制的睡眠中，

我們遺忘了上週落空的人事升遷，被惡意略過的午餐邀約。沉浸在各種具有精神療效的昂貴浴品，在各種蟲鳴鳥獸或星球運轉的太空波動聲中，我們不再是伊底帕斯情節的受害者、看人臉色的電腦白痴、人事鬥爭的失敗者、領不到號碼牌的可憐蟲、經濟緊縮的受害者，所有危害自我的聲音都屏息了，世界重新被鮮花，菸草，精油的幸福感所包圍。我們被幾句壯大自我的心靈格言所治療，重回和母體合一的天人之感。「來，現在把眼睛打開‧‧‧」瑜珈教學錄音帶持續運轉，自戀小馬達再度啟動‧‧‧‧。感謝神奇的周休二日，使我們不至於一覺醒來成為和外星人密談的邪教首領，抓狂的剝皮殺手，或是捲款潛逃的白領恐怖份子。

如果在冬夜，一個沙發客

1. 閱讀是一個人的歡樂時光。閱讀小說則是一個人幸福的極致。像是重回戀愛時相互凝視的專心一致，我們沉浸在只有「你」和「我」的對話迴圈，各種絢爛的情節，迷人的想像只單獨為你存在。沒有任何煞風景的第三者——房貸，信用卡帳單，孩子的雙語教育，勃起不全問題，現實生活中所有危害自我的干擾全都消聲匿跡。像是在密室中獨自運轉的星球，被一句「我愛你」的光束撞擊，在黑暗中迸射出七彩的光芒。

2. 百無聊賴是幸福的。像是《非關男孩》裡靠著版稅度日的廢業青年，獨居的時間，幾乎可以用電視劇來劃分。回到家，《阿鴻上菜》，1個單位；《開運鑑定團》，2個單位；《慾望城市》，1個單位；《第三隻眼》，1個單位；《天線寶寶》重播，2個單位。假日去百視達租片《長假》一口氣抵12個單位。沙發上的馬鈴薯夢境。頻道的切換中，生活不過是那0.001秒的空白。

失戀

1. 不過是從兩個人回到一個人，失戀卻徹底剝奪了一個人的獨處能力，讓人每天心神漂流，處於太空失重狀態，非要每天打電話向人求援，才能抵抗可怕的寂寞和死亡感。藝術家侯俊明說，失婚男人的最大痛苦，是面對自己的不適任。事實上因為不擅長人際交涉和處理現實問題，失去了妻子作為創作的守護神，身心都分崩離析，連煮飯買菜下床都不行，完全退化到嬰兒期。

2. 失戀也有助於獨立性格的養成。利己性格強烈的A，經歷了動輒哭鬧的小公主年紀，終於在而立之年體認到成長的必要。既然戀愛＝依賴，失戀＝無法依賴，想想不過是一種切斷。戀人在的時候，凡事都不用親手打理，分手反而失去擺濫的藉口，因為病毒入侵壞了三個月的電腦，反而在分手第三天就自己動手修好了。

3. 逃避獨居生活的其他藉口：a.搬家，b.電腦當機，c.蟑螂出沒。解決方案：a.結交肌肉健身派人士，b.自行購買防毒軟體，c.養一隻不打瞌睡的貓。

山羊座

1. 獨行俠的星座。山羊座因為太過擔心自己一事無成，寧願在家撰寫蒼蠅染色體的研究論文，也不浪費時間和朋友廝混小酒館。他們是佛洛伊德「現實原則」的信徒，也是成就焦慮的受害者。山羊座認為把妹時間和薪資水平成反比，將時間花在多開一包保險套，將破壞個人文明的創造。山羊的童年則多少都是一些胖男孩／怪女孩，當大家還聚在一起跳橡皮圈，拖延彼此寫功課的時間，小山羊們就已經不合群的脫隊，躲在角落裡研究蚯蚓的盲腸，或是拿起《錢雜誌》想想封面照片換成自己是什麼樣子。這不難解釋他們始終超Nerdy，玩躲避球的時候，表現得像個機器人，電動玩得分都很遜，也完全無法加入任何關於球賽的討論。

2. 不像人來瘋的天秤座，其實是悲觀的相信自己必須「努力」，才能受人喜愛。不受歡迎反而免去山羊座討好朋友的壓力，反正他們自尊心強，又愛耍面子，於是在惡性循環中反而培養出超強的獨處力。事實上，山羊座經常參與各種賭氣的幼稚行為最後都獲得了可觀的成就。比如因為賭濫文學獎，硬是將自己的一生耗在家裡寫長篇的知名日本文學旗手。老當益壯，在海上漂流和大魚搏鬥的古巴漁夫，堅持獨居到妄想幻聽的恐怖小說家。國光號上一路堅持喃喃自語的人，還有《白鯨記》裡誓死把船拖到海裡的變態鯨魚，都是正宗山羊座！

3. 山羊座名人：牛頓，李登輝，愛倫坡，金恩，村上春樹，史懷哲，毛澤東。

工作

自從失戀後，R進入了全年無休的工作狀態，連週末沒事都到公司收發Email，為植物澆水，從不間斷的忙碌中找到全新的歸屬感。S則從總機小姐，晉升為主管的鐘點女傭。從每天送洗的私人衣物中，得到了另一半不曾給予的被需要的滿足。M的電話回條最多，卻也是最焦慮的。「只要我離開超過五天，公司就不需要我了！」於是Email被優先讀取的會議通知佔滿，且兩年內沒有休過一天假。一切如同可怕的《我們都嫁給了工作》一書所命中的，所有勇猛向前，對逼婚壓力毫不妥協的單身OL們，最後卻選擇嫁給了工作。其實不是嫁給工作，而是嫁給了虛幻的人際關係。不是經濟或成就的追尋，而是情感上的屬於與滿足。不過並非每個人都覬覦霧面上光的高檔名片，或是茶水間的雙渦輪咖啡機，C就認為人生總是以「複數」的形式存在。相較於把心力灌注在工作的偏執狂，能夠收放自如的人生才完整。如果無法得到一張具設計感的辦公桌，晉升至舖有厚重地毯的小隔間，人生並不會因此完蛋。像一個冷凍八個小時的水餃，在下班後才在沸沸湯湯的活動中露餡，誰知道角落裡那個每天打哈欠的傢伙，下班後不會搖起螢光棒，搖身一變成為劉文聰後援會會長、工運理事，非洲鼓專家，黑面琵鷺保育協會義工、「賓果馬戲團」紀錄保持人，BBS版主、捷運上的怪叔叔，或是一隻性感奔放的八爪魚。本來連本壘和外野都無法分辨的Y，離職的一年內，已經成為統一獅隊的中南部組頭。

自慰手冊

1. 感謝聊天室的發明，現在一切都可以透過「網路購物」的方式解決。入口網站的援交議價廳，性愛聊天室，A片俱樂部。「身高？三圍？住哪？」，只要以女性ID登入，所有悄悄話視窗即時啟動。不過根據迷你田野調查，目前最新的趨勢是DIY。越來越多寂寞的男士寧願在家當「自了漢」，原因不外乎援交要花錢，一夜情怕恐龍。不是每個人都有公狗腰，六塊肌，或是肥臀珍一樣的翹屁屁。對原本就害羞沉默的網路一族，一切靠自己顯然是更有效率的選擇。見慣大場面的好友貧窮男最近也轉性跟風。他列舉了幾項當自慰族的好處：

a.不用事先設計旅遊動線：不論是援交還是一夜情，台灣男子漢們還是放不下「為女士服務」的矜持，常因堅持場面控制而吃了不少悶虧。比如雖然目的很明確是「後德路」，但怕表現得太有心機，還是要動腦筋安排行程，吃飯拉椅子付帳。如果氣氛太冷，還要負責話題引導，想笑話找話講，為了ONS還要充實自己的知識實在負擔太大。

b. 實戰技巧：到底怎樣比較好，還是自己最清楚。每個人的床上怪癖不一而足，有人對腳皮有莫名其妙的偏執，有人獨愛小菊花，這些可愛而無害的小習慣都需要例如偉大的右手，這類有長期合作默契的伴侶才能駕輕就熟。

c. 節省金錢和時間：除非你目前是歐蕾族馴養的小狼狗，不然出門把妹一趟價格不斐。更有甚者還會被七年級小妹妹帶去KTV整夜當凱子耍。在經濟緊縮的年代，還是節約為上策。

難怪許多機關算盡的男性同胞，都做出和貧窮男相同的結論：雙手萬能！

2. 許多單身男士因為找不到對象，或是女友拒絕做運動，想要上網尋找永久免費的二奶。據說史上最貴的O型嘴洋娃娃的花名叫做「蕾歐娜」，由人造皮膚高級矽膠製成，高科技美容實驗室出品，造價台幣260萬！

浪漫主義

1. 浪漫主義者是慾望的矛盾體，他們必須在遠離人群之後才渴望人群，而為了意識這個渴望（他們因冗長的情書，高額的電話費，或精神性偷竊而成名），必須長期獨自一人以保持渴望的新鮮。此種「慾望慾望」的弔詭，讓浪漫主義者一生中都在孤獨的漩渦打轉。任何試圖煮晚餐遞奶嘴的拯救行動，都被他們看成「母體」的詭計，一種企圖摧毀其自主性的套牢行為。所有情人甩不完，卻總在情感的空洞中哀嚎嘶鳴，所謂Commitment Oroblem的受害者，都是浪漫主義的信徒。

2. 浪漫主義者又永遠不只有一個人。他們的一舉一動總是呼應著某齣日劇的情節、某個雜誌封面人物、某首流行歌曲、某支廣告片頭。「我看著你看著我！」他們是媒體時代的包法利夫人，是面對第四面牆的法朗茲。像是等待被誰驚動的黑水仙，他們永遠不會真正的孤獨，因為他們終其一生都看著鏡子！

3. 「我以為你以為我以為你喜歡我……」每一位純正的雙魚座一生中都必定曾經握有一面神奇的小鏡子。

心靈成長團體

1. 當世界被戰爭和災難所瓦解，心靈成長書籍總有助你回復內在的平靜。像是在陌生的宴會中，永遠可以從另一個驚慌失措的人身上，找到一隻傾聽的耳朵，你永遠可以在各種驚人的案例中，看見和自己的症狀同等慘烈（或是慘上一百倍）的受害者。並且從他們的地獄哀嚎中，獲得一種自我肯定的慰藉和滿足。不論你在現實中演出多麼離譜的情節，心靈成長團體手拉手圍成一圈告訴你，你和你內在的惡魔一樣被愛！在這個本本暢銷的新世紀福音時代，我們的幸運在於，如果沒有獨獨為了你的夢想而存在的伴侶，一定有獨獨為了你的災難而寫的一本書。

2. 朋友的八卦聚會是最好的心靈成長團體。像是分食一塊千層糕，我們總是分享著愛情的七八半。所有的滋味，都必須從不同的角度補足。不論你是因童年缺乏肯定而對愛上癮，是因為害怕承諾所以逃避愛情？不論你是因為地球上的男人腦袋被跳鼠吃光光，所以移民水星？還是此刻正準備發動攻擊，消滅進化不全的火星豬？你在工作上是鐵娘子還是阿信？一切就像走一趟Self-Help暢銷書區可以印證的──《結婚不容易得癌症》、《單身好自在》同時並列榜首，《情婦》和《順服的妻子》一樣大賣！千萬不要囿於自己的角色扮演，你永遠可以從朋友的抱怨中聽到故事的另一半。除了反應自己當下的情境，理解事情的全貌，也有類似敵方變戰友的同理心昇華效果。當然殺氣較重的，也可以藉由深入敵人心理，下次策劃更高明的攻擊！

本文作者為文字工作者

■

獨語

文—柯裕棻

不過是幾年前一個冬天的黃昏稍晚，當日黃昏短暫，匆匆下過小城那一年的第一場大雪。那是一座年年冰封五個月的小城，可是年年沒有人確實做好心理準備，因此第一場雪總是措手不及，如此倉皇進入冬天已成慣例。

那個黃昏我必須走上一座斜坡旁聽一堂關於尼采的課，我記得非常清楚當晚的主題是憤怒。我在鬆厚的新雪上趕路，薄暮中整排坡道的路燈突然亮起，直達斜坡之頂。四下無人無聲，新降的雪色如同完美的和絃那樣至情至性掩人耳目，使人不辨方位，如果沒有這排金花也似的路燈，恐怕我當晚難以堅持意志走上那片斜坡。

我不記得那晚我們講了尼采什麼，我反而記得那個老師身著苔綠色的大毛衣，整個人綠茸茸彷彿剛剛步出春天的溫室。那綠色的感覺如此奇特，以致於日後只要想起尼采的憤怒，我就直覺那樣的憤怒一定是那樣微妙的綠色。

然而如果當天黃昏稍早我沒有循著路燈堅持走上斜坡，那麼稍晚那段關於憤怒之綠的莫名記憶將徹底從生命中錯過。

這是一段無足輕重的小事，人生四處充滿了如此難言的片段。下課後我走同樣的斜坡回家，夜色又冷又沉壓得雪成了冰，舉步艱難。我行經稀疏的松樹林，莫名其妙心生恐懼，我害怕人生如同暗夜行路，初始循著光亮往上前行，記取一些無法言喻的玄妙經驗，然後再往下徐行，這光怪陸離的一切旋即拋在腦後，無法重來。

結果，因為當時的恐懼太過清晰，我將一切記得清清楚楚，幾年之後那個黃昏成了我研究所生活最明確的隱喻。說穿了，就是學習行路以及獨處。

與青春對賭

二十幾歲時人生的課題相當複雜，既要迅速累積也要適時放手。出國唸博士像一場賭

局，必須把在台灣的一切放下，拿自己堅持的理想和孤注一擲的青春跟人生對賭，要是成了，也許有個未來；要是失敗了，到了三十歲仍一無所有。那幾年裡我不置可否地談了幾次不算深刻的戀愛，如今想起來，那些感情摻雜於垂雲四佈的學業主題之中顯得微不足道、黯淡而且左支右絀，對於愛情以及它的能量和蘊藏我無心也無力深究，因爲手中的籌碼有限，而時間如沙子一般從指縫中溜走，從早到晚坐在桌邊，書怎麼唸都唸不完，我眞怕空手而回。

研究生的日子一不小心就會過分簡單，起床，早餐，讀書，午餐，讀書，晚餐，洗澡，讀書，寫論文，焦慮，睡覺，焦慮。間或穿插圖書館，超市，咖啡屋。除了上課之外，一個研究生完全不需要開口說話，沒有課的時候，沒有事就沒有話。日子簡單得像一條傾斜的線，往內心軟弱的方向滑去。

出國唸書的研究生歲月尤其孤獨，週身的社會網絡既不深刻也不固定，生活和心靈的錨完全繫乎學業，別無所求。由於這種成敗未卜的生活使人極度專心、焦慮和敏感，不論原來的個性如何，研究生很容易變得喜怒無常或者長期抑鬱。長久以往，生命裡其他的人便逐漸遭到驅逐，因爲在一個滿腦子只有抽象事物的人眼中看來，身邊實質存在的個體都太過密實而無法超越，難以理解，畢竟，有頁碼的書比不透明的人容易多了，唸書尚且來不及，哪兒有時間處理人呢。

那是一段奇異的歲月，獨處是理所當然，恐懼又如影隨形，人生之中重大的煩憂都是抽象的思考和縹緲的未來，如此活在浩邈學海裡，只有一言難盡的憂鬱，一切固實的事物都化於空中，雖然日子依舊持續春去秋來，可是因爲從來沒有明確的起點和結束，記憶中開始獨處的那一天已經過去許久，未來總是尚未發生，人則是活在一點一點的片刻裡，與過往熟悉的秩序脫節。人像是偏離軌道的小星體，不知不覺就獨自走上了一條偏僻的路徑，兩旁的風景越來越陌生，諸事俱寂。這樣走上一陣子，就再也沒辦法回頭進入原有的秩序，再也不能習慣喧鬧和群體。

最後，一種奇特的孤獨會環繞著你，你從未如此深切感到自我的存在，因為他人都不再重要，你只剩下自己。

那個城裡每年都會傳說類似這樣的事：冬天裡，小城開始下雪後，每一棟建築都開了暖氣。有個研究生許多天沒去上課，老師以為她退選，同學以為她休學。一個月過去沒有人知道她的下落，也沒有人在意。後來，某一棟學生公寓的學生抱怨，他們那層樓的溫度特別低，可能是某一戶的窗子沒關嚴。徹查之後發現，這位不去上學的研究生在她房裡早就死了，因為窗子始終開著，氣溫非常低，她躺在床上一個月，結了霜，變成了淺藍色。

渺小又巨大的孤獨

有過隻身留學經驗的人大概能約略明白，這個傳說的恐怖之處不在於死亡的狀態，而在於這個傳說之後隱含的既渺小又巨大的孤獨。一個人脫離了所屬的社會關係，在異鄉又生不了根，身邊也容不下任何人，房門一關，整個世界排拒在外。

其實這樣的孤單過幾年也就習慣了，其中自有一種愛彌麗迪更森（Emily Dickinson）式的靜美，習慣之後，騷動不安的靈魂能夠從這種惟心的孤獨中得到非比尋常的安歇。

然而一旦畢了業，學位拿到了，回到台灣，生命中多年懸掛的難關終於渡過，又立刻面臨另一場動盪。這個生命歷程的轉變本質相當特殊而且唐突，在社會位置而言，是從邊緣位置回到結構內部，從異文化的疏離回到熟悉的自文化，從無所是適進入生產行列，從一無所有變成「知識精英」。換句話說，幾乎是一夕之間從窮學生變成教授，昨天還是個惴惴不安的研究生，今天突然成了高等教育的一份子。離開台灣時，還是個年輕的孩子，七年之間絲毫不覺得自己曾經滄海桑田，直到回到台灣才發現，七年原來是這樣翻天覆地的長度，有這樣一去不回的意義。

我彷彿是鏡花緣裡的人物，意外地遊了龍宮，回到世上，打開寶盒，光陰的無限意涵在那一刻全部顯現，在瞬間如電光一閃，荏苒百年。於是，一個人突然從理所當然單身的研究生轉為莫名其妙單身的中產階級。我還覺得單身生活真是再自然不過了，週邊的眼光卻不這樣看我，我才恍然明白，社會位置換了，期待當然也換了，我才剛剛完成一個階段任務，又得盡力符合社會的下

一個要求。

剛開始教書的時候我才忽然體會原來這是一種含表演性質的職業，這個事實引起的莫大焦慮和沮喪更甚於研究所生涯。一個早上的課足以將人氣力耗盡，下午聲音啞得一句話也說不出來。我從一個冷凝的極端盪到另一個熱烈的極端，兩個極端之間的承續關係不大，背反的關係多些。

黑洞與太陽

這種轉變從外在環境上而言不太明顯。人一直留在校園裡，改變的衝擊不至於難以承受。只是，留學的七八年裡，我的人生經驗是不斷往內探求的過程，彷彿藉由知識將自己壓縮成一個密度極大但是體積極小的黑洞；教書卻是反向進行，教學倫理要求人像太陽一樣發光放熱，這個職業需要在短時間之內與大量的人互動，需要不停說話、溝通、解釋、不厭其煩的表演、寬容並且隨時充滿熱誠，同時必須具有將抽象的事物轉化爲簡單語詞的能力，種種的職業特性與研究生生涯恰恰相反，從前的生活可以任性地拒人於千里之外，教書卻是從對人的基本熱愛與關切開始，必須做到「幼吾幼以及人之幼」。

回國教書之後的某一個春天，寒假剛過，校園裡的杜鵑明媚燦爛。早上八點鐘我在辦公室裡收到一封分手的電子郵件，才想起我已經因爲疲倦而和他漸行漸遠。我想我應該痛哭一場或者立刻回信說點什麼，或者，我也可以打越洋電話過去自我辯護或大吵一架。可是鐘聲響了，馬上就得上課了，五十個學生正等著我告訴他們未來與希望。我感到胸口梗著一塊東西難以吞嚥，呼吸急促，窗外陽光刺眼，它的溫暖非常嘲諷，它若是更亮一點我的眼淚就要掉了。

我去上了課，盡量做到妙語如珠，並且該講的笑話都講了，我想我看起來還是充滿熱誠以及寬容。幾小時慢慢兒撐過去，我感到心子裡有個密實的東西隱隱發熱，也許是過去的自己正緩慢疼痛，一切都難以挽回，而且該做的事這樣多，明明是黑洞卻要裝成太陽，我沒有多餘的氣力再去關心另一個人。終於下課的時候，頭疼欲裂，我在盥洗室的鏡子裡看見自己的臉，左頰一道粉筆灰像不在場的眼淚。我沒在講台上垮掉，我也沒有回信或打電話，因爲我累壞了，而且嗓子也啞了。

那天中午我在春陽曝曬中回家，鳥語花香，我極度疲累簡直要融化在路邊。有那麼一刻，我寧願回到雪地的黃昏裡行路。

常常有人問我爲什麼選擇單身，我想，如果情勢使得每段感情都分手了結，一個人自然就單身了，非常簡單。

本文作者爲作家　　　　　　　　■

如果在冬夜，一個男人

文—吳滋仁

插圖—Gavin Reece

在冬夜，一個男人的關係可以有四種：一個人，一個人和一個人，兩個人，一個人和幾個人。

不論是在那個車站，還是某個書店，你會這麼想起女人：

你未愛過的女人
你不需要愛的女人
為愛以外之目的製作的女人
你打開之前已愛過的女人──因為屬於寫下前已被愛的種類
如果你的命不只一條，必定會愛的女人（可惜你的日子屈指可數）
你有意愛但卻得先行涉獵其他而不克愛的女人
目前太昂貴，必須等到清倉拋售才愛的女人
目前太昂貴，必須等平價版問世才愛的女人
你可以向人家借來愛的女人
人人都愛過，所以彷彿你也愛過的女人

你多年以來計劃要愛的女人
你搜尋多年而未獲得的女人
和你目前在進行的工作有關的女人
你想擁有以供需要時方便取用的女人
你可以擱置一旁，今夏或許會愛一愛的女人
突然莫名其妙地引起你好奇，原因無從輕易解釋的女人
好久以前愛過，現在該重愛的女人
你一直假裝愛過，而現在該坐下來真正愛一愛的女人
內涵或身材吸引你的新女人
（對你或一般愛人）內涵或身材不算新穎的新女人
（至少對你而言）內涵或身材完全沒見過的新女人

No offence. 正如同這篇文章是借了那位義大利作家的小說書名，以上的回想，也是借了他的文字。你只要把「女人」替代成「書」，把「愛」替代成「讀」，那麼你就可以還原他原來的文字。你應該明白了，「女人」與「愛」，不過是一個男人在一個冬夜唯一可以玩玩的文字遊戲而已。無意冒犯。

的確如此。現實世界裡你沒有別的遊戲；遊戲裡，也沒有那麼多的選擇。請不要說這是時代的特質。這是只有男人才面臨的一個境況。

女人不是這樣的。

最少，女人還有Sex and City。女人可能瀏覽的形形色色男人，有Samantha , Carrie, Charlotte, Miranda具現了。女人所不值一哂的男人，老的醜的貪心的猴急的不知道出了什麼毛病的，那個叫Mr. Big的，或是不在此列但很可惜是個Gay的，她們在為之現形了。

而現形之後的失望或失落——如果有的話——一個女人起碼有一雙三萬元台幣的Manolo Blahnik皮鞋，或是Jimmy Choo來填補。不像一個男人，只能拿一本小說來玩一個文字替換的遊戲。

在冬夜，一個男人的關係可以有四種：

一個人

一個人和一個人

兩個人

一個人和幾個人

一個男人想有幾個人的關係，狄摩西尼（Demosthenes）說得好：「情人供我們尋歡作樂，妾照顧我們的日常起居飲食，而太太，則可以為我們生一個合法的兒子，並作為我們家庭的忠實守護者。」

但那是第四世紀的人說的話，很遙遠的事了。男人的優勢不再。

暫停，先不要急著搶白，不要被報紙上那麼多的「包二奶」消息所騙。那只是某些中下階層的男人到一些落後地區才敢發生的事情。

今天你對狄摩西尼的信條只能有兩種心理準備：一，已經被推翻；二，沒有被推翻，但是，主詞要換成另一種性別。

一個男人難以期待兩個人的關係，原因就更多了。

排在最前面的，是女人不需要你了，起碼不需要你和她形成兩個人的關係了。從金錢到生活的能力，她不需要你提供她兩個人的關係。在你突然發現她不過五年的時間年薪竟然變成你的兩倍到五倍不等的時候，要和她談兩個人的關係？很奇怪吧。

性？Come on. 這從來都只是男人的問題，不是女人的問題。

卡夫卡說：與一個女人住在一起，是「有勇無謀之舉，只有拿破崙的俄羅斯之役這種歷史的重大事件，才堪與比擬。」佩脫拉克說：「當我們人類的共同老祖宗亞當還是單身的時候，再也找不到比他更快樂的人了，而當他有了一個伴以後，卻再也找不到比他更淒慘的人了。……跟女人在一起會有什麼樣的前景可言？」這兩位賢者的話，只要稍微更動一下男女，把亞當換成夏娃，你就知道那是為女人而說的，不是男人。

女人就是不需要男人了。句號。

好吧。先停止自憐自艾，畢竟，這是個冬夜，我們可以冷靜而理性地再找兩個與女人無關，純粹因男人而起的理由。

你會有很多擔心。

譬如那些政治人物。看他們用各種精明的口號掩飾自己愚蠢的行為，用各種愚蠢的口號掩飾自己精明的行為，你倒的不只是胃口。和一個女人生活的家裡，總免不了要有台電視。你擔心電視上那些肥頭大耳，大耳肥頭一不小心闖進你的飯桌、客廳、臥房，你，會陽萎。

一個人加一個人。

這是個更烏托邦的關係——尤其在伍迪艾倫搞砸了一個理想模式之後。（插播——伍迪艾倫和

米亞法蘿曾經在紐約公園大道的兩邊各住一棟房子。兩人沒有法律上的婚姻關係，但是有共同撫養的子女。伍迪每天來米亞家共進晚餐，照顧小孩，然後回去寫自己的東西，去酒吧演奏自己的音樂。最後以伍迪和他們收養的一個女兒發生關係，後來與她結婚，與米亞上法庭而結束。）

他破壞了這麼理想的一個人加一個人的關係，有沒有人同意這位先生應該受一下笞刑？

各有各的主體，獨立的身分，而又能維持一個特別的關係。（別想歪了。這裡講的不是「外遇」那種老套。）

這種關係，你根本就擔心自己沒準備好。是的，你很虛心，很受教，知道應該學習因應時勢，揚棄男尊女卑。但你也要學習面對另一個主體的時候怎麼維持自己的主體，不然，一不小心又成了女尊男卑。還沒有準備好這堂功課的時候，你擔心自己還會有陽萎以外的問題。

於是，你只剩下一個人的選擇了。

不必想得那麼糟糕。一個人代表的不是寂寞、孤單。如果在冬夜，對一個男人來說，他可以選擇另一種不同的心情，學生的心情。

你要細心地體會和一個女人是朋友、老朋友、哥們，還是其他可能之間的分際。

你要細心地體會邀她去看場電影、去一個酒吧，來家做頓飯請她的差異。

你要細心地體會請她來家吃一頓義大利麵加沙拉，還是炒兩道菜的差異。

你要細心地體會邀一個女人來家，和去一個女人家的不同。

你要細心地體會是誰要誰留下來過夜的差異，留下來過夜也有不同層次的差異。

一個人，尤其是一個男人，要回到事情的ABC，但不能回到古典。

不能太古典。

譬如邀一個女人看電影。

這是一個男女之間最單純的邀請。一場電影。但兩人坐在一個密閉的，黑暗的空間裡九十分鐘。於是你發現，所有的可能都可能，所有的分際都可能泯滅。

你又回到了那個十八歲第一次邀請女同學去看電影的男生。你所有和一個人，一個人與一個人，兩個人，一個人和幾個人關係的思考與體會都煙消雲散。

那是一個不知道會把你引領到哪裡去的起點。

對於一個想一個人的男人來說，這是不可承受的風險。

所以，學生並不好當。

對於一個男人而言，性是很重要的，但是越來越不重要。因爲性是越來越難，所以越來越有條件說。

不要用一夜情來反駁。你稍微冷靜一點，就應該會想到，一夜情不是給男人的發明，是給女人的。幾千年來，這個地球上每個地方的男人都有各種名目的一夜情可以進行。現在你所認知的一夜情，只是，只是爲終於有一個解放機會的女性而誕生的。

對一個男人來說，一夜情的投資報酬率永遠太低。

何況，是對一個已經意識到年歲在繼續增加的男人。

（插播二：一個男人連自慰也不會發生多有趣的事。如果你看過一些爲女人寫的「自慰」書，就知道這件事情從理論到方法多麼豐富。而男人？你頂多能看一本教你怎麼把那話兒玩成漢堡、鵜鶘、帆船形狀的特技書。）

因此所以如此這般，如果在冬夜，一個男人最好只繼續保持一個人的狀態。

突然，這也讓你別有所感。

亞里斯多德說：一個人想要獨居，不是神，就得是獸。

你發現無論如何，自己都進入了另一種境界了。

還好，你可以回家去喝Macllan。

暫時，女人還不喝這種威士忌，她們只喝Cosmopolitan。

本文作者爲作家

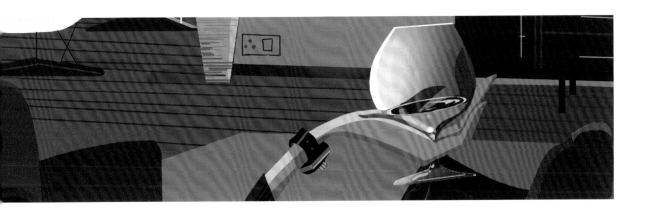

單身是現代生活風格的最佳代言人

　　空間的佔有，是為了搭造表演的舞台。單身的人不僅購置房地產，更是積極地參與這個社會為他們所搭造的各類型生活場域空間，消費、旅遊、廣告、電影、政治、職場……等，無一不是單身者的表演舞台。不論是有意的或是無意的、不論是主動的或是被動的、不論是真實的或是虛假的，單身者已經被當作是現代人生活風格的示範者、最佳的代言人。單身不再被視為嚴重的社會問題，反而是想望的（Desirable）對象。這種想望讓全球多少現代都會女性想要過著電視影集《慾望城市》（Sex and the City）女主角的生活。

　　這種想望是單身的魅力，也是單身的神話。正如家庭被神聖化，單身同樣也有強烈的迷思。資本主義的商業化運作模式正是利用單身迷思，誘發消費的慾望，讓單身者無法自拔的購買各種消費物件與服務。單身的人往往認為資本主義是最好的朋友、最後可以依賴的親人。但是這樣的關係是「買來的」。對於單身實際生活的困境與難題，資本主義非常願意幫助單身的人解決，只要單身的人付得起。

單身：現代人親密關係的轉化

　　單身議題——例如前一段提到的單身的商品化——的討論很容易捲入價值判斷的漩渦中，為對錯、好壞爭論不休。在台灣引起熱烈迴響的日本社會學者山田昌弘《單身寄生時代》著作，其實就是以強烈的價值假定做為論述的基本基礎。未婚成年日本人與父母同住的現象，被認為是依存主義的「寄生」狀態，是青年人喪失社會改革理念與行動力的病徵。對山田昌弘而言，現今日本社會問題的根結不是日本泡沫經濟發展型態的惡果，反而是日本青年人熱衷於奢侈性的消費。單身一直很容易被當作是社會的代罪羔羊，生育率下降導致未來勞動力的短缺是單身者的錯；婚姻家庭的危機是單身者的錯；道德秩序的崩解是單身者的錯……然而，為何不是工作勞動的型態、家庭組成的型態、社會秩序的維持方式隨著社會變遷出現基本的轉變？一定是單身出

單身家戶的成長

　　家戶不等於是家庭，前者以空間為調查對象，而後者則是以關係為對象。一個人住的地方可以是家戶，非家庭關係的人共同住在一起也可以組成一個家戶單位。官方的「台閩地區戶口及住宅普查」將台灣的家戶型態分成核心家戶類型（包括夫婦／夫婦與未婚子女／夫（婦）與未婚子女等三者）、三代家戶類型（包括祖父母、父母與未婚子女／父母與已婚子女／祖父母與未婚孫子女等三者）、單身家戶類型、以及其他家戶類型（有親屬關係／無親屬關係）。根據此一項普查資料，民國七十九年到八十九年之間，核心家戶雖然仍是最主要的家戶型態，但其比例已從百分之六十三點六降為百分之五十五。相對這種下降的趨勢，單身家戶的規模則是擴大成長，其比例從七十九年的百分之十三點四成長到百分之二十一點六，實際的數目更是呈現倍數的成長，從六十六萬四千戶成長為一百四十萬戶。單身家戶超越三代家戶（其比例則是從百分之十六點二降到十五點七），成為現今台灣第二大的家戶類型。

關於親密關係演變的著作

《愛情之完全正常混亂》(Das ganz normale Chaos der Liebe)，Ulrich Beck、Elisabeth Beck-Gernsheim，（台北：立緒出版社）

《親密關係的轉變：現代社會的性、愛、慾》(The Transformation of Intimacy: Sexuality, Love and Eroticism in Modern Societies)，Anthoy Giddens，（台北：巨流出版社）

《親密關係：現代社會的私人關係》(Intimacy: Personal Relationshiops in Modern Societies)，Lynn Jamieson，（台北：群學出版社）

問題？爲何不是社會出問題？

面對越來越多人選擇單身的發展趨勢，不應該急著在價值上去做論斷，而應該是去探索這趨勢的社會變遷意涵：現代人親密關係正在改變，單身只是浮出海面的冰山一角。幾本關於親密關係演變的著作皆指出：個人化與民主化是現代親密關係的特色。

單身的社會推進力

單身不該先入爲主地被當作是社會問題來看待。單身人口的成長以及其社會衝擊的擴大，透顯出來社會與個人二者關係在今日發生劇烈的變化。假如仍是採取老舊的視框或是本質論的觀點，我們不僅沒有辦法掌握時代發展的動脈，更容易以主觀偏見做爲論述的內容。個人與社會的關係不是先驗的，而是一直隨著時代環境在改變。從單身，我們可以清楚看到這方面的變化。

我們往往是以個人的人格特質或是人生哲理來解釋個人選擇單身的原因，忽略了集體社會結構條件因素的影響。德國社會學者Ulrich Beck稱此結構因素爲「個人化推進力」：工時的縮減、勞資關係的立法保障、社會流動障礙的清除、教育機會的擴增等形成一股推進力量，讓個人能夠從社會那裏獲得比以往較大的自律空間與機會，能夠去尋求個人自己想要過的生活。

高風險的自由

對社會學而言，生命史的個人化是社會制度安排的結果。現代社會的許多制度設計，例如社會福利（一旦個人因與主管理念不合而失業時可以領取救濟金）、公民權（個人的自由權利得到基本的保障）、消費市場（滿足個人秀異的個性商品）等，往往是以個人作爲這些制度安排的施行與管控單位。現代社會的制度安排爲個人的行動提供安全保障與正當性基礎。現代社會鼓勵個人追求自己的生活，實踐自我的開展。

可是換個面向來說，個人化之後個人卻變得更爲依賴——依賴制度。個人雖然從傳統的社會束縛解放出來，但卻是身處於新的依賴關係。被解放的個人必須仰賴勞動市場、仰賴教育、仰賴消費、仰賴法律規章等。不再依賴家庭或伴侶，事實上也等於少了他們的保護。個人必須直接去面對制度，自行承擔制度的不穩定與不確定。單身，是高風險的自由。

本文作者爲東吳大學社會學系助理教授　　■

54 Ways of How to Stay Single

保持單身，你應該要做的事情與不應該做的事情。

文—莊琬華、冼懿穎

Alone

○你要能享受孤單，認知這是一種完全屬於你自己選擇的個人狀態，可以隨心所欲地安排自己的時間與空間。

✕你別把孤單視同於寂寞，因為寂寞是即使你身旁有一個人，或一群人的時候，仍然會存在的。

Bravery

○你必須很勇敢，敢一個人看恐怖片、敢一個人住、敢一個人半夜三點出門買宵夜，還要很勇敢的面對來自四面八方催促你結婚的各種聲音，以及面對社會中種種對於單身極為不便的條件。

✕你千萬別太勇敢，這樣才不會具有足夠的勇氣挑戰「結婚」這件事情。仔細想想放棄單身就必須要同時放棄的種種權利與好處，如果不是非常勇敢的人，應該是不容易做到的。

Collections

○你應該有些收集的嗜好，最好加上「收集情人」一項，情人越多，如果選擇了其中一個人當作終身伴侶，那對於其他人的解釋，可能馬上讓你放棄這個念頭。況且，一旦放棄單身身分，誰還准你繼續此項嗜好？

✕你的收集嗜好中最好不要有「收集情人」一項，玩過火，就容易惹禍上身，難保你的情人當中

沒有人想處心積慮把你變成他的另一半，或者伴隨出現莫名其妙的人，如果你看過妮可基嫚的《驚婚計》（Birthday Girl）就知道嚴重性。

Drive

○你應該學會駕駛，這樣無論和朋友玩到多晚，都可以自己駕車回家，不會讓喜歡你的人有機會可乘，藉著送你回家作為追求攻勢。

✗你不應該學會駕駛，這樣就要估計最末班車的時間，準時回到家裡，而不會讓自己忘了回家的時間，然後在有浪漫氣氛的夜晚裡，對別人許下你的終身誓言。

Emotion

○你應該習慣失戀的痛苦。醫學上有所謂的「減敏感療法」，只要越習慣這些痛苦，就越能夠忍受痛苦，所以，體會失戀的痛苦，才知道原來這也沒什麼大不了，不必為了害怕失戀而硬要兩個人在一起。

✗你不應該習慣失戀的痛苦。幾乎所有人對於失戀都沒有免疫力，如果你不幸嚐過一次，就別再繼續遇上第二次，要完全避開失戀的苦，最徹底的方法就是——維持單身。

Friends 1

○應該多接觸愛幫你介紹對象的親朋好友，相親次數越多，你就越能從中學得如何有技巧的拒絕對方。

✗避免接觸老是愛幫你介紹對象的親朋好友，除非你真的缺錢吃飯，需要他們大發善心。（對於老是愛幫你介紹對象的親朋好友，就當作是吃飯付錢的凱子，如果他們覺得自己錢多，就猛敲幾頓也沒關係。）

Friends 2

○應該接觸已經結婚的朋友，因為他們對婚姻的諸多抱怨，往往只能對朋友說，聽久了就知道其實單身最幸福。

✗避免接觸已經結婚的朋友，因為他們總是希望別人也跟他們一起進入婚姻的地獄，不，我是說，天堂，所以可能對你進行各種威脅利誘。

Group

○你應該加入單身俱樂部，因為當你的週遭都是大力鼓吹單身主義的朋友時，「單身」就會顯得平常而不特別，還可以互相關懷照顧，互相激勵，做為彼此最好的同伴。

✗你不應該加入單身俱樂部，就是那種目的在於「終結單身」的單身俱樂部，因為大家的目的就是找到伴侶，完全背離單身的目的。

Households

○你應該學會做家事，這樣你就不需要找一個人來幫忙處理家事，以至於必須以一生的自由來換取免費勞力。

✗你不應該學會做家事，如此就不會有別人想要找你去幫忙做家事，不用成為別人的「煮人」。

Idea

○你必須要非常有創意，可以想到很多點子很多方法來讓自己的生活多采多姿，不會讓自己有寂寞到無法忍受的時候，即使寂寞，也有能力把它變成是一種休閒。

✗你千萬不要太有創意，不要對你不知道的非單身生活充滿太多想像，因為那些想像大多不切實際，可是如果真正親身驗證的時候，要回到原來的狀態，可能會損失嚴重。

Jobs

○你應該常常轉換工作，因為這樣就會難以跟同事建立及維持深厚的友誼，當然也會減低你在公司裡找到伴侶的機會。

✗你不應該常常轉換工作，因為人事變動不大，來來去去都是跟同一群人碰面，要結婚的已經

結婚，你能保持單身的機會便會越大。

Kids

○應該接觸親朋好友的小孩，最好有機會可以試著當他們的保母，如此一來，就會明白有小孩的可怕後果，時時不得安寧。

✕避免接觸親朋好友的小孩，尤其是那種乖巧可愛、聰明可人，會讓你甜到心裡的小孩，否則難保你不想自己也來生一個。

Leisure

○你應該要學會享受休閒時間，譬如學會一個人看電影，不管是在電影院中或者在家裡看DVD，不會有人跟你搶爆米花搶可樂，也不會在看到正精彩的時候，被要求出去買飲料、或者用微波爐熱Pizza。

✕你應該不要一個人看電影，想看電影時可以找一堆狐群狗黨或者酒肉朋友，然後可以很沒氣質的大笑，就也不會因為電影太過感傷而聯想到自己的孤單。

Money

○你應該要努力賺很多錢，就不需要為了找張長期飯票而放棄單身幸福，還可以讓自己想做什麼就做什麼，自給自足，悠然享受單身的快樂。

✕你應該不要有太多錢，只要足夠一個人的花費，其他的就捐給各種慈善團體或者需要幫助的

人，沒有多餘的錢辦婚禮或者當小孩教養費，這樣你應該不會考慮放棄單身身分吧？

Novels

○你應該看張愛玲的小說，因為當你知道一個男人的生命中，總有兩個女人時，你自然不會想當那朵紅玫瑰，或白玫瑰。

✕你不應該看張愛玲的小說，因為在她筆下不少女主角都是不平凡的單身女子，最後的結局都是那麼蒼涼、寂寞，你看完後很容易會傾向追求平凡但幸福的婚姻生活。

Obsession

○你應該有潔癖，而且還要是「精神潔癖」的完美主義者，這樣你會對異性很挑剔，永遠都會覺得他們不夠好，結婚的機會當然也會減低。

✕你不應該有潔癖，而且千萬不要有「精神潔癖」，如此你才能夠廣交朋友，不會對任何人有過敏，而限制自己只能接受特定的對象。

Papa and Mama

○你應該和父母一起住，有家人的關懷和照顧，就不會覺得寂寞和空虛，自然也不會有想結婚的念頭。

✕你不應該和父母一起住，否則他們日夜唸唸唸你為甚麼還不

結婚，或整天都被他們安排去相親，便會大大增加你結婚的機會。

Quality

○你應該有一顆赤子之心，對這個世界永遠覺得新鮮，甚麼都想去嘗試，你就永遠不會想安定下來，被婚姻束縛。

✕你不應該有一顆赤子之心，太天真、太善良、太容易相信人，很容易會被人「騙婚」，而且現在太少保有赤子之心的人類，如果一被發現，可能成為搶手貨，想要單身都難！

Reincarnation

○你應該相信有前世今生，為了下輩子著想，你便不會輕易想結婚，以免來世要償還今世的情債，在愛情輪迴中不得脫身。

✕你不應該相信有前世今生，不要相信「緣分天註定」這種宿命論的觀點，也不用為此而「非君莫嫁、非卿莫娶」。

Shopping

○你應該常常一個人逛街，想到哪裡就到哪裡，用三個鐘頭考慮要不要買一個Prada氣質晚宴包、買一台X-Box遊戲機，或者花五個小時坐在咖啡館中看一本《怪女孩出列》、學學乾隆皇帝養生法，沒有人會對你催東促西，罵你浪費金錢浪費時間。

✕你不應該常常逛街，街上太

多成雙成對的身影，看他們相依相偎，狀甚甜蜜的打情罵俏，如果你的意志不夠堅定，可能一不小心就想跟路人甲湊合湊合，變成一對。

Travel

○你應該一個人出國旅行，天大地大的世界等你去探險去發掘，所有美麗的事物會在一瞬間讓你驚豔，旅途上也是認識不同文化的朋友的好機會，因為你必須要主動去接觸、自己去尋找幫助。

✕你不應該一個人旅行，在旅途上，沒有熟悉環境作為後盾，個人的孤寂會被無限制放大，赤裸裸的展現在你的眼前，讓你不由然的升起，如果我不是一個人，那該有多好！因此，假使你沒有堅強的防備，請勿輕易嚐試。

Utopia

○你應該相信愛情烏托邦，永遠不因年華的逝去而自我折扣。越是年歲日長，越相信自己值得擁有一個更美好的對象，所以更應該繼續等待。

✕你不應該相信愛情烏托邦，以為一個美好的對象就代表一個美好的伴侶，一個美好的伴侶就代表一段美好的婚姻。不，這三者間不存在等號。

Verse

○你應該讀書，特別是詩集，因為詩是最精練的語言，最有力的文字，特別需要安安靜靜地繞室吟哦，讓自己完全沉浸在詩的美麗世界裡。

✕你不應該讀詩，因為詩的語言，可能催逼出你心底最深層的孤寂，正如李清照所寫的的＜聲聲慢＞：「尋尋覓覓／冷冷清清／淒淒慘慘戚戚」，特容易讓人感到淒清的寂寞。

Wedding Party

○你應該常常參加婚禮，尤其當男儐相或女儐相，那繁瑣的婚禮程序，有時候得從半夜兩三點開始折騰到隔天晚上，如果朋友執意要鬧新人，就還得接受若干酷刑，把自己弄得不成人形，這樣辛苦的開始，並不保證結婚後的生活就會比較不辛苦。

✕你不要常去參加婚禮，尤其是教堂式或者日式婚禮，他們最喜歡把結婚典禮搞的太過溫馨感人，讓人覺得，好像結婚就是全天下最幸福的一件事情，其實，那背後藏著巨大的危機都被白紗模糊了。

X'mas

○你應該好好計劃耶誕大餐，吆喝親朋好友一起來鬥熱鬧，在寒冷的天氣裡，可以有溫暖的擁抱，就不會因為單身而顯得孤寂。

✕你不應該計劃耶誕大餐，特別是只有兩個人的耶誕大餐，因為那往往帶有特殊意義——你可能被套牢的時刻，所以，千萬別為了一頓飯，讓另一個人成為你一生的責任。

Yummy

○你應該學會做一手好菜，能夠好好填飽自己的肚子，如此一來，就不需要用另一個人溫度來溫暖自己的胃，屬於單身的寂寞就不會那麼容易出現。

✕你不應該學會做菜，如果你能夠處理滿滿整桌菜，你就會希望有人可以分享，然後就開始幻想起浪漫的燭光晚餐，然後，就一不小心變成某人永遠的廚師，所以，還是不要學會燒得一手好菜。

Zest

○你應該培養一種熱中的興趣，譬如寫作，尤其是創作小說。小說中有個你可以操控的世界與人物，所以腦中的發想，都可透過文字實現，就不需要親身實驗。而且，寫作是很孤獨的事情，如果不是一個人的話，就容易被干擾，讓作品遲遲無法面世。

✕你應該不要寫作，尤其不要寫小說，因為創作的孤獨或許容易使你想要尋求慰藉，而想與他人建立一種親密的關係。　　　■

貓咪

我親愛的姊妹們，除了一頭貓之外，你們不應飼養任何動物──《智慧書》

文—邵非

我曾在胡蘭成《今生今世》裡，讀到他引用庾信的賦：「樹裡聞歌，枝中見舞。恰對妝台，諸窗併開。遙看已識，試喚便來。」我就想到我的貓。

我有兩隻貓，一隻深虎斑七歲半叫「喵咪」，一隻白足黑身兩歲半叫「襪子」。我由庾信的賦想到貓，除了牠們時常即興表演歌舞外，主要是因為這句「試喚便來」。

貓自然不似狗那樣喚之即來，而且更常是千喚不來──除非是喚牠吃飯。喚牠吃飯時，牠不但立刻放下手邊的事情（例如睡覺、打架、看風景、抓沙發等）跑來，還會欣喜得「啊！」一聲。但通常吃飯這事是不用喚牠的，往往時間一到，我

若當作沒事，喵咪便會來到我面前，伸舌舔嘴表示牠餓了，若我沒反應，牠又會以一種我無法逃避的哀求眼神看著我，我便會像是被催眠一般走過去拿罐頭。

我有一位朋友曾幫她哥哥照顧貓，她哥平時餵貓餅乾，週六餵肉罐頭。奇怪的是，那貓不看日曆就知道週六到了，週六早上便在房門口叫喚她。未料我這朋友卻起了壞心，故意裝作不知，仍只給牠餅乾。結果週六一天貓急得跟什麼似的，到了週日早上，更在房門口厲聲大叫，讓她無法安睡，只好出來餵牠罐頭。

也因為貓絕非「試喚便來」，所以當牠不為吃食而心甘情願走向你時，那樣的感動，有如癡心父母因為逆子一句「我錯了」而融化。我回家時，牠們不論原先是睡得暖呼呼的還是打架打到一半，總會走來迎我。我早上起床，也會看到玻璃房門

上貼著小貓的影子在等我出來。

　　但貓會自動走到我懷裡的情況，較常發生在冬天，我懷疑貓咪根本就看得懂電視，因為每次氣象局發佈寒流特報，牠便「春江水暖鴨先知」地走到我這個天然暖爐上來。有時兩隻貓還會爭搶我的懷抱，我只好幸福又無奈地指定二貓，一個坐肚子上、一個坐腿上。牠們坐得近了，便會開始親密地彼此舔毛，我看著這兄友弟恭的一幕，往往感動莫名，而接下來，我也從來不曾失望地，可以眼睜睜看著二貓如何由親密的互舔演變成互咬，而至衝下去激烈廝打起來。

對人感情的需求，越來越淡

　　與貓相處久了，我有時會驚覺，我對於人的情感需求，似乎愈來愈淡了。我與貓不斷彼此索求著情感，牠們需要溫暖時，便來到我懷裡。小貓襪子更倚賴，還用頭頂我的手，要我摸牠。我走到哪，牠都跟著我，我一離開牠視線，牠便喵喵叫。有時我在窗邊書桌上工作，牠會悄悄走來，走過我正在使用的電腦鍵盤，並停在上頭，直到我把牠抱開。然後我繼續工作，不知多久以後，我會發現紗窗開著，便伸手去關，然後我就會被躲在窗外花台裡伺機而動的小貓伸手抓一把。

　　與大貓喵咪相處又是另外一種。也是當我在桌前時，牠會繞過電腦，站在窗邊，看著遠方。我總是被牠的背影深深打動，而無法繼續工作，必得要放下工作與牠並肩坐著。而我根本無心在風景上，我深深著迷於牠專注的側影和琥珀色的眼睛。黃昏時，與貓並肩在窗前看風景，是我這些年的生活中，最寧靜美好的時刻。

　　也許牠坐在窗前沈思時，心裡想的只是：「連吃了三天鮪魚罐頭，今天如果能換雞肉口味也不錯。」或是：「好想念鱈魚香絲的味道。」但這也無妨，我們彼此不必說話，卻能同感溝通無礙、寧靜美好（相信牠們也覺得如此）。幾年前有一次，我把喵咪抱在懷裡，對牠說了半天話，看牠沒回應，便對牠說：「我說了半天，你怎麼也不說說話哩？」沒想到，

夏娃的床

文—冼懿穎

粗略估計，我們至少有

六分之一的人生，都是在一張寂寞的床上度過的。

1.

人的一生大約有六十萬個小時，其中三分之一的時間花在床上。

人的一生大約七十年，但三十五歲之前都很難固定下來和哪一個人睡同一張床。三十五歲之後也很難知道和這個人同睡一張床的品質。因此，我們人生在床上的時間至少有一半是很寂寞的。

所以，粗略估計，我們至少有六分之一的人生，都是在一張寂寞的床上度過的。

2.

所以，當你的舊「五年生涯規劃」結束後，開始重新思考另一個五年計劃時，名列前矛的一項就是「結束一個人睡的生活」。

3.

但是，孤枕難眠是悽悽惻惻的話，一旦選錯對象，後果就是悲悲慘慘了。所以要先開出一張「上床」黑名單：一，震耳欲聲的鼻鼾聲；二，認爲性和愛是可以分開的；三，臨睡前不刷牙；四，把一切弄哭女性的責任推在PMS（經前症候群）上；五，過分博愛（不單上你的床，還會上別人的床）；六，沉迷玩電玩或上網；七，自我中心（硬要睡在床的某一邊）；八，喜歡在床上進行任何清潔工作，如修剪指甲、鼻毛，挖鼻孔以及在被內放屁；九，患有睡眠暴力傾向（免得半夜被拳打腳踢）……名單繼續。

4.

暫停一下。加一段插話。不論你的睡床有多大，不論你的床上是否還有一個多溫暖的人，你習慣在睡床上使用手提電腦跟別人玩ICQ，那還是一張一個人的床。

5.

因此，你的五年計劃需要變動一下，退而求其次，起碼要擁有一張最適合自己的床。是的，床就是你的伴侶。解決了床的相關問題，也就解決了一個人的絕大部分問題。

「床」是甚麼東西？先從文字入手。「床」是坐臥的器具；是安放器物的架子；是像床一樣的地面；也是一個量詞。「Bed」又是甚麼樣的東西？一張供人「Recline」或「Sleep」，被認定爲最重要的傢俱。「Bed」不單只是床，還是讓人躺在上面進餐、進行性行爲、承受重量的地方……

婚姻生活中的一個人

在婚姻生活中的男人女

文—劉黎兒

插圖—Gavin Reece

人都能覺得自己像單身般，好奇地開發新世界，不僅個人活得更有意義，也是讓婚姻長壽而穩固的祕訣。

在婚姻生活中要追求「一個人」的時間，其實不是那麼困難，關鍵在於自己是否不因為婚姻生活而埋沒自己、沒有了自己，如果覺得還要維持自己單身時代的自由以及某種程度的放任的話，那是轉念之間。這樣說看似簡單，但是事實上卻很不容易，其實在「二個人」的生活中另起「一個人」的爐灶還是需要相當徹底的身心改造，要讓「二個人」與「一個人」兩立，其實就像是婚姻生活與婚外戀愛是否兩立一樣不容易呢！

談戀愛的時候，一個人是「平常」狀況，二人在一起是「特別的時間」；可是一旦結婚的話，則二人在一起是「平常」，一個人則是需要製造的「特別的時間」呢，結婚前後的「平常」以及「特別」正好顛倒呢！這是很不同的事，戀愛時為了情人做飯、打毛衣等都興奮的不得了，但是在二個人的日常生活中做飯的話，每天都做一樣的事，可能會覺得煩厭起來；婚姻的確會改變許多事的意義，改變時間、狀況的意義呢！

結婚是戀愛的延長是很自然的，但是要求結婚的延長還戀愛，是很殘酷的事呢！戀愛像是在夜景美麗的摩天樓飯店做的事，與在衣服散亂一團的房間裡做的事，不可能是一樣的；其實即使

沒有結婚的戀愛關係，要維持十年大概也都相當疲憊發酸，兩人愛情長跑多年，常常會有疑問是「那樣還能稱之為愛情嗎？」

因此在婚後還想維持心跳的戀愛感覺的話，就是要不斷製造「脫離日常」的機會。

偶而來一次「迷你出走」

日本許多男人覺得婚姻令人很窒息，或是家庭令人很窒息，真的就不時來個「迷你出走」——也就是暫時離家出走。到可以短期停留的公寓去待個三天或是一週的，女人比較沒有經濟上的餘裕的就回娘家，有錢的女人就去旅行，或是偶而去住豪華的都會飯店，恢復為「一個人」，讓自己在生活中隨時有一個人的時空是很重要的。

然後即使已經結婚，男女維持一個開放的心態是很重要的，也就是還是要讓丈夫、妻子都依然覺得自己是單身的一個人，那樣的婚姻才有緊張感呢！這是最重要的，不要用枷鎖將自己或是配偶鎖得緊緊的，也就是還要讓自己以及配偶都做「一個人」。

在婚姻生活中最容易喪失的是對配偶的「心跳」，所以婚姻中，如果為別的男人所吸引，我自

己覺得在內心裡是不會有什麼罪惡感的，我想那是維持女人魅力的一個很重要的原因。如果同樣的事發生在我的男人身上，我也覺得是能接受的，因為如果我的男人完全不對別的女人發生興趣，或是別的女人完全不會對他發生興趣的話，將會很容易變成像是脫脂奶粉一樣乏味的男人，我至少不希望他變成如此不可愛的男人。

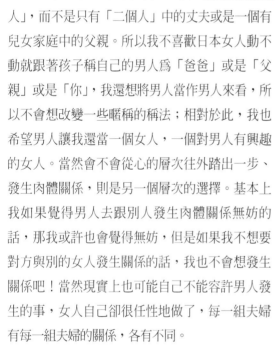

我希望我的男人永遠是可口的男人，所以我一定要讓他當「一個人」，而不是只有「二個人」中的丈夫或是一個有兒女家庭中的父親。所以我不喜歡日本女人動不動就跟著孩子稱自己的男人為「爸爸」或是「父親」或是「你」，我還想將男人當作男人來看，所以不會想改變一些暱稱的稱法；相對於此，我也希望男人讓我還當一個女人，一個對男人有興趣的女人。當然會不會從心的層次往外踏出一步、發生肉體關係，則是另一個層次的選擇。基本上我如果覺得男人去跟別人發生肉體關係無妨的話，那我或許也會覺得無妨，但是如果我不想要對方與別的女人發生關係的話，我也不會想發生關係吧！當然現實上也可能自己不能容許男人發生的事，女人自己卻很任性地做了，每一組夫婦有每一組夫婦的關係，各有不同。

每一組夫婦其實本身也有兩種不同關係，就是男人認識的夫婦關係以及女人認識的夫婦關係很不同呢！日本的俗話常說「一百對男女有一百種關係」，但是事實上一百對男女有二百種關係

呢！像夫婦關係在哪裡應該是寬鬆的，哪裡應該是緊密的，每一組都不同，或是每一組中男女的想法也都不一樣呢！所以與這樣的男人，可能女人便可以擁有較高的獨立自主性，在婚姻中也隨時能恢復單身的一個人的心境，選擇對象時要好好認清，對方是否是那種能允許配偶維持「單身性」的人。

當然如果對方不是這樣想法的人，大概也只好盡量「教育」對方，並且堅持自己「獨立性」的重要。這有時是很技巧的，有時是不說、不露痕跡也能自然取得的，有時是需要努力，像大部分的日本女人現在知道要維持自己的經濟力的獨立才能維持思想的獨立，所以即使結婚、即使生子都不會輕易辭掉工作；而且在婚姻裡維持獨立性，其實也是維持自己魅力最重要的方法。

戀愛或是婚姻都很容易想硬將對方捲入自己的價值觀。剛開始時，會覺得兩人興趣等相同非常不錯，或是對方願意遷就自己很不錯，或是兩人常常能一起去做同一件事很不錯，總之能將兩人結合的事都很有意義。但是，婚姻本身便將兩人從社會、法律、住居等都全部結合在一起了，所以比起兩人相同的部分，其實兩人各擁有不同的部份是很重要的，也就是因為兩個人已經一起生活了，所以相同性不重要，相異性才重要的。男女都保留一些讓對方覺得還有意思的吸引力是絕對必要的，那當然是對方所沒有的東西。

我有朋友多年前一直跟我強調他與妻子是多麼相配的一對，因為兩人都愛喝紅茶，家裡還有一個角落是專門為泡紅茶而設的，櫃台後全部是各種紅茶的方茶罐，構成馬賽克般的壁飾，訴說

著兩人紅茶閱歷以及親密度。但是結果兩人分手了，就是因為兩人太熟悉對方，突然有一天，這些茶罐都失去光澤了。

維持自己的「單身性」

因此在婚姻生活中男人、女人都能覺得自己像是單身般，好奇地去開發許多新世界，不僅是為了個人活得更有意義，也是讓婚姻長壽而穩固的祕訣呢！

在實際的方法上，要維持「單身性」，除了維持社會性而不要將自己封鎖在家庭裡之外，很重要的是要常常閱讀，吸收新知，跟得上社會脈動，隨時有能力提供新的話題，不論男女都要有能說天方夜譚的能力，每天有鮮事發生或是可說，那便能讓自己容光煥發，讓配偶無法「殺掉」自己。

不過現實上，女人在婚姻中要維持單身性相當不易呢！一位已婚的女人在我的留言板上說：「這件事我已經想好要如何回應，只可惜我能自由運用的只有腦部，我的手和眼睛都是屬於家人的，不知何年何月才能把它打出來」。是啊，大部分的女人都面臨即使有強烈「擁有自己」的意願，但是時間不允許，有時連空間都不允許；尤其是孩子還小，還沒能離手，所以要騰出自己一個人可以做自己想做的事是非常困難呢！

但是這是可以改善的，像是要求男人在家事上多分擔一些，或是自己將家事簡化，不要什麼都堅守徹底的完美主義，那樣時間自然不夠用的；在孩子還小時，要覺悟有些事只好暫時靠金錢來解決，像是最大的瓶頸大概是保姆費去掉女人薪資收入的大牛，所以會覺得不值得等，這是

女人最容易辭職的時機，但是要知道其實過了幾年，孩子便不是那麼費事，如果此時放棄工作，很可能便尋不回來了，也等於重要的自己的喪失。

還有，女人要常常有方法讓自己維持一個人的感覺，除了偶而出去旅行，去出席一些集會等之外，每天自己不時會去喘喘氣，自己會維持活力。我的方法是常常進咖啡屋，讓自己一天分成好幾個小片段，隨時打上休止符，審視前面的幾個小時的自己以及想想往後要做什麼，那樣便不會在社會生活、婚姻生活中迷失自己，讓自己隨時重整旗鼓，一天之中有好幾個「出發」。

還有在家庭裡，女人應該建立一個屬於自己的小空間，即使是在廚房的一角或是客廳的一角都無所謂，可以思考或是寫寫日記也好，上上網也好，那樣便會比較有利於自我表現，不管女人的工作是什麼，或是沒有工作，最好能多多寫點東西，是伊媚兒也好，是留言也好，透過寫東西，可以發現自己、保留自己，並且有洗滌心靈的效果。

當然在家人已經睡下的時間，是真正屬於自己的時間，也不會有人來按門鈴，也不會有雜七雜八的電話，也不會有人來打斷自己的思路等，這是重要的創作自己的時間。真的，午夜未眠的時間，其實是珍貴的保養自己的時間，不僅是工作，就是慢慢泡個澡也是不錯的，當作這個家裡是只有單身的自己，擁有這樣的時間是非常重要的，即使是白天也可以，許多女人說：「我簡直都是為了深夜的時間活的」，當然如果真的那麼慘的話，也不必拼命維持婚姻了。

本文作者為作家　　　　　　　　　　■

困擾，及其至今仍然的困擾……。她哭了，好像我生了重病，沒有起色……。

好幾個小時裡，我看到：窗外的風景的同樣令人困擾。從這家真的在郊區的STARBUCKS望出去的基隆河岸，和附近在這幾年河道整理後才出現大量地令人困擾的空地，後來還更出現了一棟棟高科技的企業總部，在很短幾年很快地林立高起……。而今天，因為是週末，附近街道卻是空蕩的，寬街華廈之間人影稀少，顯得奇特地冷清。

事實上，長在新土地上的這些高樓，雖然華麗昂貴，但一直有種傳言說：因為蓋在河床上，這一帶只要有大一點洪水或地震，所有的建築就會完全倒塌。

「好像生了重病卻看不出來……」

「你要不要去看心理醫生？」

L對著久久望著窗外發呆的我說……。

晚上九點多

我回到那個茶館，打開稿紙，但只能繼續發著呆，想著L說的話，一直抽著煙……。

店裡仍然是滿的，稿紙仍然是空的。

我越來越懷疑，我的關於寫關於身世關於行李關於家的始終沒收拾好的……困擾到底是什麼？

一個人逃開身世「往下走」的理所當然……下場一定是冷清的嗎？以後的下場冷不冷清，現在不知道，但，現在的困擾必然會是冷清的，一點也不華麗昂貴……。

只等待著離開郊區離開週末地痛下決心

地做點不同的什麼……地「往下走」。

但現在的我仍然只能發著呆，看著窗外，一直抽著煙……一直沒起色。好像我辜負了所有迫切而來的身旁人地事物……的情與緒。

對，就是「辜負」兩個字。

我在空的稿紙上寫下這兩個字。

香港 文‧圖─深雪

我已獨居近八年，是名符其實的單身

八年來，拍過拖又分開過；近四年，我養貓。黑色波斯貓 Witchy 去年過身，現在只剩下伯曼貓 Gem Gem。

她是我女兒，我倆相依為命

10月11日我做過些甚麼？不如先向各位簡介我的生活。我已當了全職作家七年，即是說，我的工作全都在家進行。我每日要為報章寫散文，另外一年出版兩本小說，因此，我幾乎每天也處於工作的狀態，就算不用執筆書寫，我也在幹著些有關寫作的事：看書、看資料、看電影、雜誌、報章、上網、構思橋段。

我是一個百分百工作人

10月11日是星期六，該是一個較特別的日子。如果有男朋友，我就會進行約會。但2003年10月11日，我沒有男朋友。於是，我與朋友聚會。

中午十二時起床，看三份報章、餵Gem Gem 零食、寫報章散文、上網查看我的讀者會網頁、回覆電郵……嗯，還特別花了時間瀏

覽台劇《第8號當舖》的官方網頁，我的原著小說被改編為電視劇，剛開始在 Star TV 播映。

感覺，有點喜氣洋洋的

獨身女人，當然要打掃了，免得朋友上來會見笑。我約了女孩們來我家吃大閘蟹哩！我很討厭打掃，完全不享受，每逢星期二，鐘點傭人會來，但星期六嘛，就得靠自己。

然後，又到四點，洗頭、換好衣服。未幾，我的助理來我家與我一起整理一些舊照片，準備放上網頁公諸同好。當中有些舊照片是從前出席公開活動的留念照，各種各樣的 function 啦、舞會啦、作家聚會啦……但漸漸，近這數年，我也不大見人了。那些生活不是我的生活，伏案寫作才是我的生活，況且，我有極雅緻的寫作角落。去 function 當然及不上伏案寫作那麼有 class。我變得很有 class 地深閨。

我請了五位朋友來我家，她們陸續到來。近年，我的好朋友大概就是這數人，朋友來了又走，最後，我只與她們作樂，我覺得她們明白我、信得過。

大閘蟹美味。我播放了 Joaquin Cortes 的 DVD 娛賓，他是我的新偶像，三十四歲的西班牙費明高舞王，吉卜賽血統。之前的一個星期六，我和朋友看了他在香港的表演，害得我整晚目瞪口呆，慾火焚身。他推翻了戀人之間必然要有言語溝通這回事，如果他要我，我願意立刻成為他的女朋友，一生一世以肉體溝通。嘻嘻，終於也明白了何謂肉體崇拜……。

女孩們哇哇叫，她們也贊同我的偶像選擇。看完這套 DVD，我又播放了《*Bride Of Chucky*》，鬼娃無情，把痴心女友也變作鬼娃，他們互愛又互恨，協持了一雙苦命男女一起淪落天涯以求得到可供轉靈的肉身。女鬼娃被男鬼娃害死，她臨死前的說話是：「我以為，愛可以令我自由……」

她一生都困在痴愛中，失望、沮喪、心傷。死亡的一刻，終於讓她了卻一切愛情的幻想。

要自由，就不可要愛情

我已看第三次了，每一次也為著這句話感動。愛情，都是滄桑的。

午夜，女孩們都走了，又到我與 Gem Gem 玩錫紙球的時間。家中一人一貓，滿幸福的。

浸浴、看一會夜色、看一章節奧修、想一陣子小說劇情……繼而我就知道，以後的三十年或許就是如此。獨自生活、寫作、與朋友見見面、shopping、看喜歡的電影、書本……只是十年後，Gem Gem 會否仍在？

想到她比我早死，我就哭了。而 Gem Gem 明白，她跳上沙發，舔走我的淚。

我相信，每個女人體內都藏著一個男人，我們都是兩性合一的，依照這個理論，一個人，無可能寂寞。

你明白這回事嗎？我一早已明白了。

如果，有一天我遇上極合意的男人，大概我體內藏著的那個男人，就會跑出來與這名生活入侵者拼個你死我活。

而我有預感，我體內那一個，會贏。

香港　文・圖—李照興

▲一家團圓的概念，是否遭到過響？大部份人都是一個人下葬的，一生跟迪波娃相伴但又保持獨身的沙特，最終也跟她合葬了。由一個人變成我們倆。這可是沙特的原意？還是世人給他倆的「圓滿」結局？相比之下，張愛玲的墓誌銘也許應刻著：我很好，不要打擾我。一個人來，一個人去。

01：00～01：45

廳中的電話響起，把凌晨電視的聲浪關掉，螢幕反射出來的暗光，像把四壁鋪上一層牆紙。隨隨便便，可跟一個朋友閒聊近句鐘。除了聽筒另一邊的細語，只有貓咪間或的打喊聲。

生活不是一場Life Dynamics，毋需時時刻刻亢奮提醒自己一個人生活有多好。反正也不過是選擇了一種舒服隨便的生活方式，一種不深入過問的生存狀態。你有你倆雙依傍，我有我輕身上路。一個人太少兩個人太多。

（一個人最享受的就是不需顧慮別人不需因伴侶的改變而改變不需有固定的生活時間表不需為另一個人留起一盞燈不怕深宵電話吵醒誰；而後一個人生活得太久又想著兩個人甚至我們仨一個人兩個人好快就變成三個人一家大細一起吃飯一起歡樂一起憂傷而總有其中一個最快離開最終又返回一個人。）

但思考到最終，我愈來愈相信，單身的原因，變成簡單不過：只因為懶。我對聽筒對面的人說。

11：00～14：00

單身加上SOHO，永遠苦樂相隨。銅板的兩邊，未嘗不是「你看我好我看你好」的矛盾。風和日麗的周六早晨，當街角的咖啡店已滿了吃brunch的雙雙對對，我還要應付寫作。

當然，別人還是會對你說：很羨慕你在尋常的工作日跑了去海灘曬太陽。圍城。

14：00～15：15

咖啡時間。然後由中環乘地下鐵到九龍塘城市大學。

15：55～17：00

為甚麼家庭計劃指導會找的會是我？

我發現自己坐在二百人前，跟其他相識不相識的講者談著「你‧想女性」這題目。

（通常是使人發悶的，這種座談。逐漸捉摸到這種座談會的「表演」方法：說一兩個笑話小心營造兩句給人quote得的說話。我變成一個娛樂人的作家講者。而我真的對女性很了解嗎？我說的代表別的男人的觀點嗎？）

18：00～20：00

一個人不可怕，最怕是一個人而沒有同樣一個人的朋友。

（不是一個人的朋友，星期六是不能陪你的。）

但一個人的其他一個人朋友，也是最會爽約或遲到的人（因為彼此沒有太大的約策，甚至對方臨時有約的話，都只能送上默默的祝福）。本來約了她六時，卻要等到八時。一個人在時裝店愈來愈多的銅鑼灣百德新街逛。減價的時裝、戲院的人龍。走進星巴克，喝一個莫加咖啡。

20：00～23：00

她說跟男友鬧翻了，又。通常這種情況，她就會找我。我們曾經彼此哭訴著各自的離離合合。曲折懸疑俊男美女，足夠出一本《戀人絮語》或者《BJ單身日記》，銅

鑼灣版。

我對她說：我們還要經歷多少次這樣的投訴？

23：00～24：00

秋天的香港，夜遊於街角是舒爽的。我們往「打冷」，吃著最地道的紅腸與潮州鵝片。就像多年以來。

話別之時，真有一點涼意，忽然湧上半點好奇想問：你有沒有一刻，曾經喜歡過我？

終於都沒開口。

一個人回家途上，假如突然飛來橫禍，我最後一個電話要打給誰？

（時常搭機返港著陸時，開啟電話，就想到：沒有一個我特別想打電話給她的人。）

怕死了無人認領怕沒有人知道自己買了保險怕屍臭才給發現但原來那也沒有甚麼可怕。只要你認識到，你原來是那麼自由。

我也常常想到張愛玲那孤零零死在房子的情景。別人哀嘆那落寞的孤絕，而我卻在她臉上看到尊貴。沒有誰可替別人的選擇或生命解話。

一個人住，我時刻警醒要做的不過是：永遠把貓咪餵得飽飽，為免自己獨個死去多時沒人發現，牠餓得把我半邊臉龐都吃掉。也是從單身劇《*Sex and the City*》學回來的。

北京　　文‧圖─尹麗川

早晨天氣陰沈。今年北京的秋天來的急，倏地冷了。穿兩件毛衣在屋裡亂轉。昨晚沒睡好，臥室裡居然有隻沒凍死的蚊子。

驅蚊器早被放進了不知道哪隻箱子──我屋裡堆滿了大大小小十幾隻箱子，剛剛搬新家，許多東西只能被放箱子。許多箱子老早就貼上封條，這幾年隨著我遷徙，打都沒打開過。

照例坐在電腦前，剛上網，手機響了。朋友S說：「你在家麼？我在鼓樓，你請我吃午飯吧。」我說：「不要臉，你在橋邊等我吧，多等會兒，我還沒洗臉呢。」然後梳妝打扮，溜達下樓──這就是住城中心的好處，下樓便是朋友和花花世界。

S等我的時候在路邊小店買了兩本書，其中一本當即被我搶走，武者小路實篤《釋迦牟尼傳》。這書我尋覓已久，沒想到近在眼前。我們在一家湘菜館坐定吃飯。飯菜不香，詳情不表。S和我極熟，所談無非熟人熟事，又問我：「你不是說過了『十一』就要寫作麼？」「是啊是啊，已經開始了……」我故作鎮定。

回家痛定思痛，立刻規規矩矩坐到電腦前，寫下文字若干，甚為滿意。三點多電話又響，朋友L打來，商量晚上看話劇之事。是一齣實驗劇，人物皆由非職業演員扮演，又多為搞藝術的。另一個朋友Z從遠方歸來，也約在劇院見面。

四點多，我關了電腦，心神不寧。窗外已經下雨，還不小。我坐到客廳。從我家可以清晰看見景山和北海的白塔，中間並無任何高樓阻礙。因為看了這風景，才毫不猶豫地搬進來，在北京住了這麼多年，窗口的風景從從未這般老北京過。我家與景山之間，

全是些低矮的平房小院，槐樹、棗樹、柿子樹皆體態繁茂，自院頭伸出密密麻麻的枝葉。還有一處湖灣非常怪異，與著名的什剎海隔了一座橋，但只延伸了幾十米，便被一座牆堵住，成了一道死水。水邊雜草叢生，常有隻黑白花的「奶牛」貓出沒，大概是野貓。據說兩年後，眼前的一切和我如今身處的樓房皆要被夷為平地，因為處於北京的中軸線上，自天安門、景山、直到鼓樓。為2008奧運會，政府是什麼都幹得出來的。

我聽到街角鏗鏘的叫賣晚報聲。想起我有一篇給友人寫的書評，說是今天登，便下樓買一份來看，看他們如何刪改──北京晚報》是北京發得最好的報，也是最無聊的報，什麼重詞都經不起的。一看果然刪了不少，但也為版面之需。版面自然是要留給小資書做宣傳的，友人的書沒上封面，也沒介紹此書的存在，只給了一小塊書評。忿忿然想給他打電話，想想又作罷。

雨仍舊淅淅瀝瀝。剛才沒帶傘，鞋子都濕了。六點半出門打車去劇院，七點多與一干朋友在劇院門口相會。見到剛回北京的Z。我因為一直牽掛他，見了面卻沒有話說。他頭髮長了，英俊的過份。仍舊是傻笑著。

後來看了話劇。今天是首演，在人藝小劇場，坐了一百人左右，幾乎都是面熟的人──大約都是被導演和演員們叫過來的，都是寫字的、拍DV的、搞音樂的。演員們很認真，事後導演說他很滿意。

我很有意見，但也不好多說──評說總是容易的，做卻難。再說也沒有機會，接下去許多人一起吃飯。因為雨很大，女孩子們擠在傘下，男孩們就冒雨小跑，就近找了小飯館。廣西菜，卻屢有一股豬大腸的味道，實在不爽。好在後來酒喝下去，大家都開心起來，平素頗低調的人也頻頻說玩笑話。

再後來一一道別，各自回家。回家看了一半《釋迦牟尼傳》。我承認我的心不潔，看佛教書總存有尋找一勞永逸的真理之意圖；但即便不如此，此書仍令我失望。仍舊是歌功頌德式的，仍舊是「順我者昌」式的。我不信佛性會這般狹隘，更煩人的是對婦女的態度，先是不允許婦女出家，後來又設置了許多規定，比如和尚可以挑尼姑的錯尼姑卻不能挑和尚的錯，比如修行百年的尼姑也必須對剛受戒的和尚施禮──而剛受戒的和尚理應對同門師兄施禮拜過……連世上二分之一的人的平等都沒有，哪裡來的眾生平等的慈悲心？這讓我想起看過的馬丁路德的話：「上帝的話和所做的事清楚地表明，女人就是被創造出來成為妻子和娼妓的……儘管她們越來越疲乏，由於撫養孩子而消耗自己，這沒有關係；讓她們生育孩子直到她們死，因為這就是她們存在的目的」。

睡覺。終於沒聽到蚊子叫，它大概還是被凍死了──讓它喝我的血直到它被凍死，因為這就是它存在的目的。

北京　　文—石康

醒來已是下午三點，北京依然下著雨，這次秋雨出奇的漫長，天天都是陰天，一股一股的小陰風在窗外徘徊，久久不散去，叫人向外看一眼，便頓覺十分洩氣。

女友見我要出門辦事，便吵著搭車去逛商場，我把她放在國貿飯店，那裏有數也數不清的各式服裝，好叫她迷失在裏面。

四點半，我來到位於國際展覽中心附近的皇家大飯店，與知己出版社的石頭、華夏出版社的高蘇、田紅梅、褚朔維一起商談再版我的小說的有關事宜，看得出來，華夏出版社對於文學書的出版仍帶有一股多年前才能看到的熱情，雖然大家更多談到的是對於圖書盜版的無奈，以及如何才能通過商業運作使書營利。

我們聊到晚上七點才散去，我接到女友電話，她正在陽光100，一個叫三樂的朋友家，大家自己動手做飯，我趕去，正碰到新菜上桌，於是毫不客氣地大吃起來。飯桌周圍有我的朋友唐大年，女作家趙趙，趙趙的兩個女朋友小弛和三樂，小弛是個演員經紀人，三樂供職於一家廣告公司，現已結婚生子，生活步入正軌。這次吃飯的油頭兒是給小弛介紹男朋友，小弛雖身為一個成功的演員經紀人，卻在個人問題上嚴重地缺乏經紀，前一個男朋友是個日本人，兩人好了兩年後，關係無疾而終。小弛因單身生活過於頻繁，日漸憔悴，作為朋友，趙趙和三樂看在眼裏，疼在心頭，於是大家幫她物色新物件。

新物件正在廚房裏炒菜，叫小康，糖醋蝦、煮螃蟹、羅宋湯，每一樣做得都很好；唐大年鬥志高昂，以一當十，風捲殘雲，一盤盤地吃掉所有菜，最後把菜湯兒都吃了；小康出來後，面對的一桌子剩菜，但他很為自己的成績高興。他在某個演出公司工作，長得不錯，經濟條件與小弛相差無幾，小弛開本田、他開福特，從細節上觀察，生活作風也都屬於勤儉持家型的。我們紛紛張羅著叫他們定了算了，但兩人都很穩健，既看不出同意，也看不出不同意；我們天南地北地聊天，最後小弛說她太累了，想回去睡覺，於是大家決定散去。

此時，唐大年又嚷嚷餓了，於是我們一行人從三樂家開車前往東直門苗嶺酸湯魚吃火鍋，吃著吃著說起筆仙的事來，據說是確有其事。有的筆仙聰明，有的筆仙笨，有的人請來筆仙容易，有的人半天請不來。筆仙也很調皮，有的請來不願走，要跟他待到很晚才行；這種神神鬼鬼的事兒說來有趣，我真想試一試，三樂打電話給她的一個會請筆仙的朋友；可惜太晚了，那人已睡下了，於是留待以後。

深夜三點多，我撐得要命，帶著女友回家，上網玩了一小時聯眾圍棋，睡去。

一天就這麼渾渾噩噩地混過去了。

本篇六位作者皆為作家 ∎

有關「一個人」的英文詞彙

【Alone】
這個字在十三世紀後才出現，是由「All」和「One」這兩個字演變而成。可解釋為：一，沒有其他伙伴（本質上或只是暫時性），但並不一定有不開心的含意，可以是一個客觀的事實；二，跟個人行為有關的則指：單獨地或獨自進行某種事情，等等。
「Alone」的同義詞：Companionless、By itself／oneself

【Autobiography】
自傳是由宗教上的告解演變而來的。OED用到這個字的第一個例子是英國桂冠詩人紹迪（Robert Southey，1774～1843）在1809年所寫的一段文字。自傳在數個世紀之間，已經從人神關係的敘述變成極類似精神分析的一種企劃。（本條摘自Storr的《孤獨》〔知英出版〕）

【Individual】
亞卑茲（Peter Abbs）指出，「個人的」或「個人」（Individual）一字原意是「不可分的」（Indivisible），可以用來表示聖父聖子聖靈三位一體或已結婚者等的「不可分離」。Individual 一字從「不可分的」與「集合的」的意思逐漸逆轉為「可分的」與「有區別的」之意，這個過程本身就暗含自我意識的歷史發展。（本條摘自Storr的《孤獨》〔知英出版〕）
「Individual」的同義字有：Personal、Unique

【Isolation】
指個人和其他人或團體分隔的一種過程，導致社交接觸或溝通減少，而「Isolation」所產生的結果就是「Isolates」。這種分隔可以是指肉體上的分開、社交阻隔或由心理因素（可能會有互動，但沒有溝通）所造成。當「Isolation」和疾病連繫時，則解作把感染上傳染病的人或地方，和其他人或地方完全分隔開來。
「Isolation」的同義字有：Aloofness、Detachment

【Lonely】
由於獨自一個、無伴所帶來的不快樂。
「Lonely」的同義字有：Abondoned、Empty
名詞是【Loneliness】

【Lonesome】
主要指情緒方面的孤獨感（比Lonely意味更強）
「Lonesome」的同義字有：Cheerless、Gloomy

【Privacy】
在不願意的時候，免於社會接觸和被別人看見的自由──Paul Halmos

【Self】
根據《牛津字典》（OED），「自己」（Self）這個字一直到1674年，才出現現代的定義──「在連續且不斷變化的意識狀態中維持不變的一個主體」。
同時期出現的一些和Self結合的複合字，有自製的（Self-made，1615），自私的（Selfish，1640），自欺（Self-deception，1677），自決（Self-determination，1683），自覺的（Self-conscious，1687）等等。（本條摘自Storr的《孤獨》〔知英出版〕）

【Single】
解作「未結婚的男／女性」，最早相傳出現於14世紀初英國詩人Sir Robert de Brunne所寫的詩《Handlyng Synne》中。

【Sole】
含有「獨自」、「和別人分隔」、「孤獨」的意思，如Lord Byron劇作《Manfred》（1817）：「I should be sole in this sweet solitude.」此外，「Sole」還含有「獨佔」、「唯一的」的意思。也可解作為「未婚的男／女性」。
「Sole」的同義字有：Individual、One

【Solitaire】
隱士、遁世者，即一個人過著隱居的生活，也指一種「一個人玩的遊戲（棋或紙牌）」。

【Solitude】
指一個人「獨居」的狀況，有一點「寂寞」的意思，如Lady M.W. Montagu《Letters to Miss A. Wortley》（1709）：「Your letters.. are the only pleasures of my solitude」。也可解作為「荒涼的地方」、「缺乏生氣」。
「Solitude」的同義字有：Confinement、Desert

【Solo】
用來形容「單獨的」、「沒有伴的」的狀況，或某樣東西特別為了「一個人」而造的。
「Solo」的同義字有：Friendless、Single

【Withdraw】
離開原本所處的地方，到另一個沒有人的地方，而「Withdrawn」則指「離群索居」，包括精神狀態上。
「Withdraw」的同義字有：Drop out、Get away

編輯部整理 ■

Part 4 在狀態上
By Definition

獨處與私密空間

「……一定程度的靜默與孤獨，是每個人所必需，
否則，他將無從聽到那發自內心深處真我的聲音。」——莫頓（Thomas Merton）

文—莊慧秋

我們常說：人是社會性的動物、政治性的動物、群居的動物，意思是，每個人都活在各式各樣細細密密的人際網絡中，不能離群索居。不過，這只是部分的真理。人同時也是一種會渴盼獨處的動物。人的心靈其實比較像一個鐘擺，不斷在社交與退縮、喧囂與寧靜、分享與私密之間擺盪，動極思靜、靜極思動。正如心理學家魏斯汀（Alan Westin）所說的，每個人都必須「在獨處與群居的需求間，不斷尋找平衡點。」

從心理學的角度看，適度的獨處絕對有益身心健康。人際關係有很多美好之處，但它同時也會帶來壓力和疲憊，需要回到一個人獨處的放鬆和自由來加以調節。一個人時做什麼好呢？答案是，做什麼都好。發呆、沈思、寫日記、聽音樂、畫畫、唱歌、跳舞、種花、養魚、看星星、打坐、冥想、發洩情緒、放聲大哭、睡大覺……，重點就是要「獨樂樂」。或者，就如梭羅在《湖濱散記》中說的：「我喜歡生活有寬闊的邊緣。」

卸妝的後台

根據社會戲碼的理論，在各種人際關係中，我們不斷扮演不同的角色，我們是父親或母親、兒子或女兒、兄弟或姊妹、主管或部屬、基督徒或佛教徒、會員或義工……，這些都是公眾的我，站在前台（Front Stage）上的我，這些都是自我的一部分，卻不是自我的全部。我們還有一個卸下人格面具後的我，那是在後台（Back Stage）的自我，也就是獨處時

推開紅漆門——一個人的人生面具

再怎麼遮掩、易容，最後還是得回歸本來面目。

文—劉永毅

有許多年的時間，對於想像中的「別人會怎麼看我？」，始終有著一股深深地、莫明地焦慮。

奇怪的是，這種「焦慮」好像天生就有選擇性，專門為了異性而設，對於師長、父母、甚至同性的朋友怎麼看我，反倒沒那麼在意。我記得，小學同桌而坐一位名叫潘雅雯的可愛小女生，生得嬌小白皙，像一塊小小溫潤的白玉，令黧黑調皮的我首次有了傾慕之心。

有一次，我提出到她家去看書的建議，她欣然答應。那天天氣微涼，還下著小雨，但我根本不覺得冷，一把傘也拿來當寶劍對著空氣砍砍殺殺，快步沿著眷村邊緣一條長長的小路，來到飛行官宿舍區。她爸爸是飛行員，住的宿舍也是比較高級的獨立式洋房，渾不似我家的破舊狹小。

站在漆亮的紅門前，正想掂腳撳鈴，我卻猶豫了—在亮得像鏡子的漆門上，我看到一個穿著破汗衫、藍色四角大內褲、面貌黑得看不清，手裡拿著一把破傘的小男孩。隔著庭院和窗戶，我從門縫裡看到氣質高雅的雅雯媽媽，和穿著漂亮洋裝，如小白玉般的雅雯…。

天氣好像一下變得更冷了，雨也漸漸大了起來，我撐起舊黑傘，慢慢地走回家。第二天，小同伴向我抱怨：「你不是昨天要來我家看書的嗎？怎麼沒來？」我緊閉著嘴，什麼也沒說。

學期結束，潘雅雯隨著父親調職而轉學，從此再也未見過她。

在我成長的年代，「中美合作」麵粉袋改裝的內衣褲雖已退流行，上白下藍的內衣褲裝其實是眷村男孩上學制服之外的普遍外出服，在村中社交從來不是問題，但在紅漆門前的退卻，卻與啟蒙時讀的書有關。

從小喜讀雜書，小學時更迷上了武俠小說和鄉野傳奇，行有餘力，還偷偷K瓊瑤。交相影響下，產生了影響我一生對性別的刻板形象。這形象，包括男生得兼具楚留香的瀟灑、李尋歡的落拓與癡情、陸小鳳的機智與幽默（當時金庸小說在台被禁，古龍卻大行其道，當然金庸解禁後，我的名單上又加上令狐沖、楊過等），再加上司馬中原筆下關東山「關八爺」落拓風沙的蒼涼。

鄉下小孩要演出瀟灑人物，有實質上的困難，模仿的對象只好依次遞減，最後只好勉勵自己，做不成盜帥或小李探花，至少得像「關

▲變、變、變……今天選哪個臉才好？圖為越南傳統水上木偶戲表演時所用的面具。　Corbis

八爺」一樣，做個一襲長衫，講情重義，濟弱扶傾的漢子。

至於女生該是什麼樣子？《紅樓夢》的三十六正副金釵各懷鬼胎，囉哩囉嗦，那比得上瓊瑤筆下溫柔、多情、纖細、慧黠、才華橫溢……總之脫不了「善良」且令人心裡柔情流淌的可愛女生。小學生沒見識，瓊瑤竟然打敗了曹雪芹。

有了這樣的「領悟」，初中時偷偷喜歡上一個會填詞賦詩寫文章的高中大姐姐。除了表明自己對「文學」的熱愛，我開始對自己外表的「漢子氣慨」擔心起來。尤其讓我最不滿意的是自己線條平滑而無肌肉賁起、青筋暴露的手臂，我偷偷地省下早餐錢，到體育用品店買了專練腕力的握腕器，放在書包裡，沒事就伸手進書包練腕力。

雖然手腕上練就兩條青筋暴起的靜脈血管，但高中姐姐並未沒注意到我的男子氣慨，還是把我當做小毛頭一樣地述說著她心目中具有憂鬱氣質的理想男子。憂鬱？沒錯！關八爺不是也很憂鬱嗎！

像追著自己尾巴打轉的小狗，我追求著她眼中的男人形象。青春期的努力自我形塑，我成為一個兩手青筋賁起，有著陰鬱氣質，渴望得到女子垂青的少年。

我並不能說這樣的結果全無好處，至少爆起的靜脈在打針時很方便，不怕找不到血管；但陰鬱的氣質卻全無用處，不但未能吸引有氣質的女生，同學們更奇怪我老是雙眼半睜半閉，看來「一付想睡覺的樣子」，而不了解我的苦心。畢竟，誰看過兩眼圓睜、精光四射的憂鬱小生。

多年來體會、揣摩「蒼涼」「憂鬱」的努力，終於在上大學時開花結果。大學新生訓練時，全班同學在猜「誰是重考生」的猜謎遊戲時，除了一位穿著西裝，留著阿扁式西裝頭，一看就像歐吉桑的同學外，大家居然一致公認我是當過兵，靠加分考上的重考生。「誰叫你看起來這麼老氣！」一位看起來像國中生的女同學不客氣地做結論。

滿腹悲憤的我，想起漢朝大將軍衛青的故事。據說衛青貌如美婦人，故領兵和匈奴交鋒時，他會戴上一個以青銅製的獠牙鬼怪面具，以收震懾之功的故事。原來幾年下來，我替自己戴上了一個面具。難怪不管是坐公車或火車，身邊的空位從來沒坐過漂亮的女生，老是來一些膽大過人的歐巴桑。

證明自己的形象塑造顯然不成功後，我從此放手讓對我有興趣的女子來發揮創意。不得不承認，即使女子們並非都是創意十足，至少不脫中庸之道，於是「流氣」（瀟灑？）、「油氣」（風趣？）、「老氣」（憂鬱？）…的種種怪異組合一變而為平易近人的中產階級風。有一天，當我為一位老教授倒茶時，他注視我片刻，居然有感而發，對全班同學說：「XXX最近變漂亮了！」一時之間，我不禁百感交集，又驚又喜，渾忘了其中暗含的對比之意。

我一心依書本打造異性應該會傾心的「漢子」形象，原來，人家並不要；而人家要什麼，自己也根本搞不清楚。我因此而漸悟大道：不要問你自己想要怎樣，而要問人家想要你怎樣。

見人說人話，見鬼說鬼話

所謂一竅通，百竅通，我從此領悟「社會化」兩大訣竅─就是「在什麼情況下做什麼事」和「對什麼人說什麼話」。前者如在大家車子都開六十公里時，你要飆一百公里，九成九被照相；或在綠營的場子大喊「連宋凍蒜！」皆是。總之，白癡無礙，最大忌是「白目」。

「見機行事」雖然機靈，畢竟被動，比不上「見人說人話，見鬼說鬼話」的主動出擊。「對什麼人說什麼話」成為我日後職業生涯上無往不利的利器之一；例如，進得藍軍搖藍旗，身入綠營戴扁帽，看到美眉聊星座，遇見夫人讚美麗…等等，大抵皆如是。

記得我在海外擔任中文報的記者時，主跑統、獨兩大陣營新聞。當我在和獨派的台灣同鄉博感情時，盡量都以不太「輪轉」的台語交關；而和統派人士一起時，「外省第二代」的氣質自然表露而出，而在和美國當地人士採訪時，當然一口英語。不如此，他們聽不懂，或聽不下去也。鄉音一出，大家親切感油然而生，效果之大，是我在研究所唸「傳播理論」時所沒想到的。

我像是武俠小說中的易容高手，兜裡一堆人皮面具，看到誰就換一張，換臉換立場，可比衛大將軍的青銅鬼面好用太多啦！

不過，「隨機應變，見風轉舵」行走江湖，也不是沒栽過跟斗，主要是風向已變，而自己卻茫然不知。記得我數年前自美返台，參與台灣經濟起飛時，卻對解嚴後的台灣已距我一去十數載前封閉保守的故鄉相去甚遠，渾然而不知。一次聚會中，我謹遵美式禮儀，向隔鄰女子大加讚

美，讚她人俏衣美時，對方不但未遵禮答謝，反以奇怪的疑問語氣「是嗎？」相應。我尚未看出端倪，還一再加碼，全沒注意到她身旁一中性打扮女子眼中的怒火。

聚會結束未久，新老闆電話已追蹤而至，似有難言之隱，經我一再追詢，原來對方一狀告上老闆：「你怎麼從美國找來個色狼？」我雖好色，但向來深藏不露，忽然被載上「色狼」帽子，不免惶恐。仔細一問，原來我讚美錯人了，對方不但是女性主義者，且是女同志；當我在善盡紳士之禮時，一旁的假男人早就怒火中燒，視我的美式社交語言為性騷擾。聽完我解釋，老闆大笑掛電話，第二天此一笑話已傳遍公司。

經此一役，我雖份外小心，但畢竟人粗性率，不諳風向。去找工作時，不知道台灣表面崇洋，其實還是很注重傳統「謙虛」的美德。我把自己的中英文履歷寫的花團錦簇，輔以美式作風的大言不慚，並時時露出信心十足的表情，自忖新工作捨我其誰，誰知一去石沉大海。後來輾轉聽說，對方的老闆提醒對我口試的主管：「這個人資歷太好了吧！」遂告作罷。

隔行如隔山，風向也不盡相同。記得我從公關業「轉換跑道」至某一文化產業服務的第一天，為表尊重，依例西裝革履，脖子上綁領帶，居然成為全公司的焦點。初時以為自己英姿煥發，好不得意，直到長官中午來視察時，當面提示：「你怎麼穿得像sales一樣！」我才馬上見風轉舵，拔領帶、脫外套，挽起袖子，弄亂頭髮，換上了「文化人」的人皮面具。

我知道他們想看什麼，而我也給他們想看的，雖然那並不是我真正的自己。

回到自己

古諺說：「進得羅馬，要像羅馬人。」自返台定居後，一洗洋膻，努力學習台灣新事務—星座命相、夜店酒吧、紅酒威士忌、政治亂講、貧富不均、唬爛膨風、背叛與被背叛、性靈與生命、簡單即美、忠於自己……不斷地戴面具與脫面具，頻率快過以遙控器轉換電視頻道。

不過，一個人總會走到自己該走的路上。

就像武俠小說中易容高手的宿命，一定是被人識破手腳。人皮面具再精巧，怎能抵得過本來面目。

或許是心疲手軟，或者心情微近中年，多歷世事後恍然大悟—這世上原多聰明而又有見地的人，不管我給他們看什麼，他們看進去的，還是他們想看的樣子。既然自以為地「乾坤大挪移」其實不過是在一個小圈子裡騰移挪動，明眼人看得發笑，倒不如老老實實地非禮勿言、非禮勿動，順性而為，省了人家麻煩。

日前，沿家門口人行道蜿蜒而下，見一中年男子端坐樟樹下烹茶，邀過往鄰居飲茶小坐閒聊，隨興坐下，該男子客氣奉茶，殷殷垂詢：「先生，你是在做什麼的？」簡單一問，卻牽動萬念，瞬間隨生隨滅，答曰：「我啊，在家吃自己。」

歸家，靜坐燈下，悄然而思。這一次，我不再害怕，承認自己還是那個白衫藍褲，正要推開紅漆門的小男孩。

本文作者為文字工作者（y8sasa@yahoo.com） ■

家的兩難抉擇間，是否有其它可能的出路呢？受到西方國家社區化照顧理念的影響，近些年來，老人社區照顧已在台灣陸續地推展開。對於健康且尚可獨立自主的獨居老人，許多公、私部門的社會福利機構或團體，已開展出讓他／她們有更多精神慰藉的服務，如開辦長青學苑、電話問安、居家關懷和老人互助團體等；對於輕、中度失能的獨居老人，除鼓勵並協助他／她們能盡量從事社會參與外，也藉由居家服務、送餐服務、午餐俱樂部、緊急救援和日間照顧等措施予以協助。這些新興的照顧模式已逐漸成為許多獨居老人的最後依靠，甚至連偏遠的原住民部落，也經常可見穿梭於老人身旁的居家服務員，這些福利措施已讓獨居老人深刻感受到獨居但不孤獨。

那塊老人菩提樂園

當徘徊在機構、社區和家的照顧抉擇中，「921」大地震的生活重建中，收容無依老人的組合屋──埔里菩提長青村，卻無意中營造出另類獨居老人的照顧模式。走進長青村，便有攀附在屋簷的濃密綠意迎接老人與訪客，且組合屋的每個轉角也都用心的擺上幾盆蓮花，讓人以為走進鄉村花園。兩幢組合屋之間的長條走道，擺設著幾座休閒座椅，成為老人們平日泡茶聚會的場所，組合屋的尾端，則是開闢一塊種植蔬果的小型農田，不時看到村內的老人在田裡種植或整理菜園。為提供老人們更舒適方便的生活空間，長青村內有為老人家建設的餐廳、交誼廳、老人救援系統、佛堂、KTV室、醫療室、圖書室、還有為不便自行洗頭的老人家創建的理容室等。這裡的照顧曾引起媒體廣泛且深度的報導，也曾引起社會高度的迴響。

這種新型態的照顧模式之經營理念為何？它以緊急救援系統替代傳統機構照顧的圍牆與警衛，不僅讓老人有安全感，且體現出對老人的關懷與尊重；它讓老人親手合力打造與維護社區，並以種植蔬菜和賣感恩咖啡追求經濟自主，破除老人無用的迷思；藉由文化藝術的「陶」冶，走出生命的低潮與陰霾，並捐款濟助他人以回饋社會，它激勵了老人從「新」與「心」出發的人生；它藉由老人的彼此照顧與關懷，體現團體和社區意識。在許多面向上，長青村避免了機構照顧的負面效應，而保有社區照顧的特性。長青村為台灣的老人照顧開創新的照顧模式，他使得許多孤苦無依的獨居老人，在機構中能獲得如同在家的隱私，也享受到鄰里的關懷，在這裡看到了機構、社區與家之融合式的照顧。

讓我們共同承受照顧獨居老人的責任

獨居老人的照顧是老人自己和家庭的責任，也是社會的責任。社會對老人照顧的壓力勢必隨著人口老化的現象而上揚，特別是獨居老人。要如何讓這群曾經為家庭和社會付出青春的老者，也能夠安享有人性尊嚴的晚年生活，這是老人個人、家庭和社會所應共同面對與承受的。

許多對獨居老人的照顧措施往往著重於更弱勢的中低收入老人，且各種服務也大多是免費的提供。然而，隨著獨居老年人口持續增加，許多服務性的措施也面臨著經費籌措的壓力。獨居老人是弱勢者，然而，必須要澄清的是獨居老人並非是中低收入戶的家庭才有的，他／她也可能是非中低收入者，但這些老人的接受照顧的權益似乎相對被忽略了許多。

面對照顧經費的壓力，讓我們必須去思考：是否獨居老人的照顧必須是意味著是免費的服務？面對著這些現實，政府自去年（2002）開始推出「照顧服務產業發展方案」，除了給予生活較困苦的中低收入戶老人提供照顧外，也期待透過部分免費服務的誘因，提供非中低收入戶老人以付費的方式使用服務。然而，儘管非中、低收入老人對免費居家服務的使用甚為熱絡，但付費部分卻顯得意興闌珊。這是否已意味照顧服務產業已走入死胡同？其實這種看法未必是正確的，照顧服務產業也未必是沒有前途的。

人口將持續老化是不爭的事實，老人身體功能會逐漸退化也是不爭的事實，家庭功能的式微也是不爭的事實，這三項不爭的事實讓邁向老人的個人及其家庭和社會皆要能未雨綢繆的。儘管有能力負擔的老人個人或家庭尚未能接納付費式的照顧，但對愈來愈多選擇在家安養的老人，外來的協助勢將難免，若照顧服務的理念能持續推廣，且服務提供能更貼近老人的需求，並不斷地追求服務品質的提升，則老人的態度將可能會隨著照顧的需要而改變。讓照顧經濟匱乏的獨居老人成為社會的責任，讓照顧經濟不虞匱乏的獨居老人成為他／她自己、家庭和社會共同的責任，則獨居老人將可自在地在他／她們的「安樂椅」上安享有尊嚴的晚年生活。

本文作者為國立暨南大學社會政策與社會工作系教授　　■

一個人的獨白

關於社會裡各種一個人狀態的故事

採訪、整理—藍嘉俊

看守墓園的人 楊展平

這裡是六張犁公墓，我在此處負責看顧一千多塊的墳地，其中，不乏身無後人的老兵。一個人待在空曠的山上，與無數的往生者為伍，說真的，剛開始心裡還是會毛毛的。但好幾次，我聽到了一些來自另一個世界的安撫聲音，從此對這裡環境的不安一掃而空，內心反而變得很平和。

事實上，我已經把天天上山當作一種運動。這裡不但空氣新鮮，也安靜。除了劃過天際的飛機之外，幾乎沒有什麼人、車的聲音，很適合像我這麼怕吵的人。清明節的時期因為交通管制，我就得住在路旁的小屋裡，一個人在山上過夜。從前沒有路燈，若當晚星光被雲層遮住，這裡就真的是漆黑一片了。

二十多年來，我看過太多人性的虛華與醜陋。生前不聞不問，出殯時營造再大的場面、蓋再豪華的墓園，有什麼意義？不然，就是連棺木都還沒下葬，後代子孫就為了家產，在墳前爭吵、大打出手，真是令人嘆息。

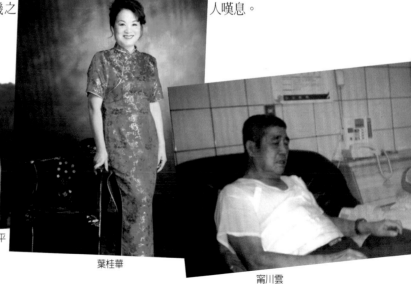

楊展平

葉桂華

甯川雲

除了修剪植栽外，我也提供規劃墓地的服務，但我會建議家屬，改用火葬而不要土葬，因爲那太佔空間了。人在世的時候無論是卑微還是風光，死後都只剩下一個軀殼，很公平，沒什麼好留戀、也沒什麼好爭的。每天，我都有這麼多的鄰居作伴，他們都不再說話了，山下的紛紛擾擾，全與我們無關。很多時候，我覺得在這裡其實是在修行。

失去伴侶的人　葉桂華

那是民國81年的事了，當時他就倒臥在公司門口，沒幾分鐘就天人永隔了。結婚二十幾年，我一直扮演著家庭主婦的角色，在先生突然離去後，得立刻投入陌生的職場，並處理他所留下來的事業。我一個人還要帶著兩個孩子，眞的很忙碌、很累，甚至連傷心的時間都沒有。俗語說：「寡婦門前是非多」，我感覺到所有的壓力都迎面而來，孤立無援，好像整個人與外界是脫離的。夜深人靜的時候，一個人躺在床上，自問：「爲什麼是我？你怎麼可以什麼都沒交代的就走了？」

還好，我的個性比較樂觀開朗，也有家人、姐妹們在打氣，這段艱辛的日子總算是熬過了。而且，因爲之前有擔任義工的經驗，所以面臨這種人生巨大的變故時，調適的比一般人快。人家說當義工是幫助別人，其實我覺得自己得到的更多。後來我加入了「一葉蘭協會」，那是一個專門爲喪偶家庭所設立的公益組織。我們會舉辦談心會、悲傷治療及一些戶外親子活動，就像是一個大家庭一樣，相互慰藉、一起成長，感覺很溫暖。

孩子大了後，我有更多的時間參與協會的活動。對於遭逢喪偶之痛的新成員，我會鼓勵她（他）們，先從愛惜自己開始，堅強站起來，面對美好的未來。現在我的生活重心是我的小孫子，他的爺爺不在了，但還有他陪著我，一起走下去。

黃佳慧

林樂君

林保利

獨身老人 甯川雲

早就已經習慣一個人了。

我在安徽出生，十八歲從軍，剿匪及抗戰都參加過，穿著草鞋東征西討，二十多歲來到台灣。我的軍種是空軍防砲部隊，所以在屏東、台南、松山等機場都待過，直到民國67年住到這裡，才不再搬來搬去。

我一直都單身。為什麼不結婚？年輕時是因為愛玩，不想有累贅。但我想最主要的原因是窮。剛來台的時候，一個中士的薪水連加給才30塊，你要怎麼討老婆？現在老頭子一個，一個月萬把塊，只夠養活自己，就更不會想找伴的事了。我認識幾個人，硬要結婚生子，結果人家是別有用心，最後都跑了，誰要理你老人家？我才不要自找麻煩。

我不識字，我的想法很簡單，軍人就是應該要保家衛國，但當兵真的是很苦，不是現在的人可以體會的。退伍後，我當了十幾年的司機，最後一個工作是開娃娃車，最開心的就是幼稚園的小朋友叫我甯爺爺。我在台灣沒有半個親人，軍隊的長官、弟兄，死的死、散的散，現在幾乎都找不到人了。

我八十歲了，脊椎、腳、心臟、血壓都有問題，除了去醫院，很少出門，頂多就在附近走走，或找老鄰居打打小牌。我吃得很簡單，每天兩餐就是白饅頭和麵條。我早看開了，一個人生活，無牽無掛的倒也輕鬆。光著屁股孤伶伶的來，走的時候，我只要求一套保暖的衣服就夠了。

失業的人 黃佳慧

那時候參加同學會，外向、愛玩的我還是和從前一樣，和大家打成一片。但，內心卻有種說不出的孤獨凝滯感，我知道我和她（他）們不一樣，我失業了。也許是個性的關係，我常與失業為伍。我始終不能適應體制內的僵化，總感覺使不上力，最後只有選擇離開。短期工作、失業、短期工作、再失業，像是一種輪迴。

這當然不是說我不在乎失業。失業，就是失去了身分，失去了許許多多的社會連結，變成一個孤立的個體。剛開始，我連家門都不想出，不再主動找朋友，好像要遮掩什麼似的。對父母的關心詢問，顯得很不耐煩，但罪惡感也隨之而來，覺得自己真是不孝。

我幾乎一整天都和自己在一起，顯得異常封閉。

但人總是要能調適自己。我白天開始上課，晚上則參加了一個心靈成長團體，生活很充實。一無所有的日子給了我一個重新看待自己的機會，像是撥開層層洋蔥，釐清自己要的究竟是什麼。功成名就？體面的頭銜？都不是，我只是要忠於自己的理想。點滴累積，我正在往這個方向走。

像我這樣一個三十歲的失業人，來自於自我、家庭、社會的那些壓力始終是存在的，只是，我會用不同的角度來看待。我學著坦然面對這樣的人生處境，以前那個關著我的、名之為社會價值的盒子打開了，或者已經消失了。我知道自己在做什麼。

算命的人 林樂君

小學的時候，我就喜歡看算命的書，也覺得自己有天份，後來還正式拜師。進入這行是因緣際會、也是理所當然。我之前當過秘書及翻譯，也曾服務於旅行社，後來才轉業自己一個人出來做。一晃眼，這沒有老闆督促、沒有同事閒聊的日子，已經五年多了。

自己吃自己，意味著要在自由與自制間找到平衡點。有時可隨興些，但又不能太懶散，好壞都要自己負責，沒有藉口。回首創業初期，一個月沒幾個客人光顧，常常一個人在這攤位枯坐整天，連個開口的機會都沒有，心情的沮喪可想而知。那時，我就會爬個樓梯，就近到行天宮上炷香、求個保佑。後來情況好轉，也建立了口碑，有時門口坐著一排人，反而忙得連上廁所的時間都沒有。空檔的時候，我就會抄抄經、唸唸書，享受鬧區中的一種寧靜。

我相信「知命造命」。來問問題的人，通常都處於一種較迷惑、脆弱的狀態，這時用字遣詞要非常謹慎，要對方聽的進去、聽的有幫助，像是一種心理治療。我印象深刻的是有一次一個想自殺的人找上門來，我就慢慢跟他談，最後一起把結解開了。

行天宮的香火鼎盛，每天，都有形形色色的人穿越地下道，從我的攤位前經過。我覺得這裡如同一座磁場，如果真的有緣分，那人就會停下腳步，與我在這個小小的角落裡相遇。

失去雙親照顧的人 林保利

我媽很早就丟下我們不知跑到哪去了。爸爸愛喝酒、愛打人，錢放在桌上要兄弟倆自己解決吃的，所以我不喜歡待在家裡，也不喜歡唸書。聯絡簿的家長簽名欄只有真正簽過一次，其它都是鄰座同學代簽的，反正我始終也找不到人看。從小學三年級開始，我就在外面遊蕩，半夜才回家，或乾脆睡在公園裡。後來社工員把我安排到親戚家住，但我仍然偷東西、說謊、逃學，最後被送到廣慈博愛院育幼所，留下我那比較懂事的哥哥和爸爸住。那時我才四年級，我算是孤兒了。

我轉到一所新的小學就讀，同學都知道我的背景，把我當成病毒、排斥我。而剛進育幼院，一切都因為陌生而害怕，但也從那時候開始，覺得自己要改掉一些壞習慣了。我們四、五個人住一間寢室，有保育員24小時輪班照顧起居，教導做人的道理，以及如何保護自己。學校辦懇親會的時候，沒有親人會來，保育員就代替我們的父母來參加。

對於幾乎不存在的親生父母，我沒有期待、也沒什麼感覺。我的親人就是育幼院這些一起長大的朋友和老師，還有社會局的社工員。共有五位社工員帶過我，我對他（她）們的印象都很深刻。

今年九月滿十八歲，我離開了廣慈這個大家庭，爸爸則因精神疾病住進療養院。現在和哥哥住在一起，我想這該是另一段自己長大的路了。　　　　　　　　　　　　　■

Turn on, Turn in, Drop out！

文—莊琬華　　圖—BO2

　　不會喝茶的時候，不了解茶的甘醇、沉穩；不會喝酒的時候，不懂得酒的芬芳、雅致；不會喝咖啡的時候，不明白咖啡的溫潤、誘人；可是一旦領略了其中奧妙，就很容易上癮，酒癮、茶癮、咖啡癮，欲罷不能。當然，除了欲罷不能的癮，還有難以戒除的癮，如菸癮、藥癮、毒癮。

　　關於單身，也容易讓人上癮，只是，在上癮之前，得先了解單身的迷人之處。你知道自己的單身幸福指數嗎？來做個小測驗，看看你需要哪一種單身威而剛，讓你可以沉迷在單身的愉悅世界裡，自由自在的享受單身高潮，不再逃離、懼怕單身狀態。

START

1、在你獨處的時候，你喜歡播放的音樂類型是：

a.氣派磅礡的交響樂。

b.空靈幽渺的New Age。

c.輕鬆自在的爵士樂。

d.熱鬧繽紛的流行樂。

2、如果你是一個人，你會選擇下列哪一個地方消磨時間？

a.帶一本書，一張CD（當然還有CD Player），選一家咖啡館，消磨時間。

b.選一家Pub，用熱鬧的人聲、音樂聲以及美酒來消磨時間。

c.窩在家裡，看電視看影碟或者發呆，消磨時間。

d.一個人到郊外走走，放鬆自己的心情。

3、什麼樣的地方讓你覺得自在？

a.一個完全屬於自己的空間，或者渺無人聲的山巔水涯。

b.一個熱鬧喧嘩的場所，Pub、球場，鼎沸人聲就是最好的安心劑。

c.只要有熟悉的朋友，不管在哪裡都可以很愉快。

d.只有跟最親密的人在一起的私密空間。

4、你有屬於自己一個人的秘密基地嗎？

a.秘密基地？好懷念啊！自從國小畢業之後，我就沒有自己的秘密基地了。

b.有，我家的廁所。當然，我希望可以像《艾莉的異想世界》中那個廁所後面用遙控控制的一個豪華秘密基

地……。

c.秘密基地？我倒是希望小孩子們有自己的秘密基地，別再來煩我最好。

d.當然有，我的秘密基地可是神聖不可侵犯的空間。

5、如果不考慮其他條件，下列這些工作形式，你最喜歡哪一種？

a.一定要大家一起合作才能完成的

工作，例如，廣告業務，必須統合業務、設計、文案、媒體等等，才能完成一件工作。

b.一定得自己努力，但是也要靠大家一起協助的，比方說，像足球守門員。

c.所有事情都可以自己決定自己完成，例如SOHO型的工作。

d.一方面有自己獨立的空間，但是卻也有長官可以幫忙扛下重責大任的工作。舉例的話，就像大企業中的小主管。

6、如果人生可以像角色扮演遊戲一樣，自由選擇想過的生活，你會想嘗試下列哪個角色的生活經驗？

a.慾望城市中四位美麗女主角的生活，雖然還沒找到真愛，但還是有朋友相互鼓勵，努力尋找。

b.紅樓夢中的賈寶玉，在人多熱鬧的大宅院中，集三千寵愛於一身。

c.像村上春樹的卡夫卡，一個人獨自流浪，在旅程中可以遇到不同的朋友，接觸不同的人，每個人的出現與消失都很自然。

d.漂流荒島的魯賓遜，在無人島上過著一切都要靠自己的生活。

7、假設有天你被放逐到無人島上生活，如果允許你挑選一個人或一隻動物陪你度過此生，你會選擇：

a.攜帶寵物一隻，不管是貓、狗、鳥、蜥蜴，或者烏龜。

b.攜帶情人一枚，一起在沒有人打

擾的荒島上共度一生。

c.孑然一身，千山我獨行，不必相送。

d.我不想帶動物或人，可是請給我可以上網的電腦一部。

8、如果某天你撿到了一個神燈，可是神燈巨人只願意給你一種最珍貴的寶物，那麼，下列四個選擇，你會想要哪一個？

a.美麗浪漫的愛情。

b.溫暖的友情與親情。

c.需要全心投入的工作與金錢。

d.無法衡量的自由。

9、在下列哪種狀況中，你覺得自己最孤獨？

a.身處許多人的中間，卻彷彿四周空無一人。

b.前無古人，後無來者，獨愴然而涕下的時候。

c.自己沒有情人，而別人卻成雙成對的時候。

d.問世間孤獨為何物？我從不曾沾染絲毫。

10、在你覺得自己很孤單的時候，你會選擇什麼方法來排除寂寞？

a.打電話找好朋友聊天，或者找他們出來喝下午茶、咖啡，順便聊是非。

b.播放自己喜歡的音樂或者在家裡看書。

c.投入工作之中，讓忙碌替代胡思亂想。

d.把自己放在人多、擁擠的地方，例如逛街、上電影院、泡Pub。

11、當你閱讀報紙的時候，下列哪一類社會新聞最能引起你的閱

讀興趣？

a.因為感情問題而產生的情殺、第三者、抓姦、離婚、名人八卦。

b.可憐獨居老人，半夜跌倒無人攙扶，冰冷地板躺一夜。

c.網路有艷遇，卻成為冤大頭被海削。

d.警匪槍戰，員警身中多槍送醫急救，嫌犯一人在逃。

一品夫人一品書

因為人一旦混到有人給寫行狀傳記之際，
已經不夠孤獨了。

文—張大春　　刻印—洪啓嵩

篆。數十年之間，父子叔姪兄弟三持使節，真是無比的殊遇，於是方維甸在父親當年題聯的楹柱旁邊的牆上又補寫了一聯：「兩浙再停驂，有守無偏，敬奉丹豪遵寶訓／一門三秉節，新猷舊政，勉期素志紹家聲」還在聯後寫了一段長跋，記錄了這椿家門幸事。人稱方觀承是「老宮保」，方維甸是「小宮保」。

方氏一門三大臣，要從一個人的故事說起。一個人，一枝筆，其餘全無依傍。

話說杭州西湖東南邊有座吳山，不知打從甚麼時候起，出了個賣卜的寒士，人稱方先生。方先生年歲不大，可是相術極準，頗得地頭兒上的父老敬重；也因為相術準，外地遊人不乏衝他去的，地方上的父老就敬重得更起勁兒了。

約當此際，杭州地界上有個姓周的大鹽商，生平亦好風鑑之術，遇上能談此道的人，無不虛懷延攬，專程求教，搞到後來，由於求速效，沒有時間和精力窮究天人之際、通古今之變，祇好跟一個「五百年來一布衣」——號稱賴布衣嫡傳的第十六代徒孫學技。賴布衣是宋徽宗時代的風水大師，實為天下名卜，一脈

乾隆十三年三月，方恪敏公觀承由直隸藩司升任浙撫，在撫署二門上題了一聯：「湖上劇清吟，吏亦稱仙，始信昔人才大；海邊銷霸氣，民還喻水，願看此日潮平」。這是有清一代督撫中文字最稱「奇逸」者。

嘉慶十八年，也是三月，方觀承的姪兒方受疇亦由直隸藩司升浙撫。這個時候，方觀承的兒子方維甸已經是直隸總督了。早在嘉慶十四年七月，方維甸也就以閩浙總督暫護浙撫

師承到了清初，算算眞有五百年。傳到這不知名姓的徒孫，宣稱保有有賴布衣的一身布衣。這身破布衣，也是五百年前古物——可見人要是出了名，就連死後，身上的東西也會多起來。

且說這周大鹽商殫銀三萬兩，跟著賴布衣的十六代徒孫學成「隨機易」——看了甚麼，無論動靜，祇消心頭有靈感，都能卜，人們稱道他門檻精到，未必是要巴結他有錢。他眞算出過一件事，據說救了一整條船隊的鹽貨，還有幾百條人命，功德極大。

周大鹽商有個女兒，作父親的從小看她的相，怎麼看，怎麼看出個「一品夫人」的命來，於是自凡有上門來議婚的，一定左相右相、上下打量，總一句話打發：「此子同小女匹配不上。」如此延宕多年，女兒已經二十多歲了，卻沒有一個凡夫俗子有一品大員之相，能入得了周大鹽商之法眼的。

有那麼一回，鹽商們一同到廟裡行香，遇上大雨，來時雇的沒頂的轎子行不得也，祇好盤桓於寺廟左右，正遇見方先生的卜攤。周大鹽商自然不必花錢問卜，可他一眼瞧出這賣卜郎中骨骼非凡，又見他轉身走出去一段路，更覺此人奇偉俊逸——原來方先生每一步踏出，那留在地上的腳印都是扎扎實實的「中滿」之局；也就是今天人稱的「扁平足」了。

周大鹽商大樂，確信爲貴人，上前問了年庚籍貫，知道方先生中過秀才，入過泮，有個生員的資歷在身，而且未婚，年紀也同自己的女兒相彷彿，益覺這是老天爺賞賜的機會，而且秀才是「宰相根苗」，豈能不禮重？遂道：「先生步武嚴君平後塵，自然是一椿風雅之事，不過大丈夫年富力強，還是該銳意進取，起碼教教書，啓蒙幾個佳子弟，教學相長，不也是一椿樂事？」

「步武嚴君平後塵」，說的是漢代蜀郡的嚴遵，漢成帝的時候在成都市上賣卜，每天得錢百文，足敷衣食所需，就收起卜攤，回家閉門讀《老子》。後來著有《道德眞經指歸》，是大文學家揚雄的老師，終其一生不肯做官，活到九十幾歲。

周大鹽商用嚴遵來捧這方先生的場，可以說是極其推重了；方先生也知音感德，謙詞謝了一陣，才說：「我畢竟是個外鄉人，此地也沒有相熟的戚友，就算想開館授業，也沒有代爲引薦的人哪！」

周大鹽商即道：「方先生果然有意教書嗎？我正有兩個年紀少小的兒子，能請方先生來爲我的兩個孩子開蒙嗎？」餘話休說，方先生欣然接受了。周大鹽商親自備辦了衣冠什物和一些簡單的家具，很快地就把方先生延聘到家裡來住下了。過了半年，發現這方先生性情通達，學問書法俱佳，周大鹽商便展開了他早已預謀的第二步計畫——重金禮聘了媒妁，納方先生爲贅婿。

儘管風鑒之術有準頭可說，周大鹽商卻怎麼也沒料到自己的命理也該照看一下——這一對新人才合巹不多久，他自己就得急病死了。

偌大一份產業，全由長子繼承下來。

周家的長子生小就是個膏糧子弟，根本看不起讀書人。父親一死，就不許兩個弟弟唸書了，還說：「學這套『丐術』做甚麼？」方先生在房裡讀書，新娘子也數落他：「大丈夫不能自作振發，全仗著親戚接濟也不是辦法。連我這個做老婆的也著實沒有顏面見人呢！」

方先生脾氣挺大，一聽這話就過意不去了，轉身要走人；聽他老婆又道：「我是奉了先府君之命，必得終身相隨侍，這樣說哪裡是有甚麼別的意思呢？祇不過是要勸夫子你自立；今天你就這麼一走了之，又能上哪兒去呢？」方先生仍止不住忿忿，說道：「饑餒寒苦是我的命，然而即便是饑餒寒苦，也不能仰人鼻息；如今不過是還我一個本來面目。至於上哪兒去麼——天地之大，何處不能容身？」儘管他的妻子苦苦哀求，方先生還是負氣，竟然脫了華服，穿上當初賣卜的舊衣裳，一文錢不拿，就把來時隨身攜帶的一套筆硯取走上路，可謂絕塵而去，去不復顧也！

身上沒有半文錢，就真是要行乞了。方先生打從杭州出發，也無計東洛西關、也不知南越北胡，走到山窮水盡，連乞討也無以自立的時候，已經來到了湖南嘉禾縣的境內。面前一座三塔寺，讓他興起了重操舊業的念頭——還是賣卜。

賣卜的這一行門道多、品類雜，遇有行客商旅稠密之處，便自成聚落，大家都是通天地鬼神的高人，很少會因為搶生意而彼此起釁的，方先生在三塔寺就結交了一個看八字的郎中，叫離虛子的。這離虛子與方先生往來，彼此都感覺到對方的人品不凡，特別來得投契。

有一天，離虛子趁四下無人，要了方先生的八字去，稍一推演，便道：「閣下當得一品之官，若往北去，不久就可以上達公卿了。我推過的命多了，閣下這個命格是十分清楚的，決計不會有錯謬。」方先生應道：「承君美意，可是沒有盤纏，我哪兒也去不了啊！」離虛子道：「這不難。自從我來到此地，多少年積累所得，也有十幾兩銀子，都交付閣下了罷！十年之後，可別忘了兄弟我，到那時閣下稍稍為我一揄揚，我就有吃喝不盡的生意了。」方先生道：「真能如公所言，方某如何敢忘了這大恩大德呢？」

方先生有了川資，搭上一條走漕的糧船來到了天津。錢又快用光了，聽說保定府有個賣茶的方某人，生意作得極大，方先生想起了這人還是個族親，就盤算著：何不暫時上保定去投靠、先混它個一時溫飽，再作打算呢？沒想到他後首剛到保定，就聽說那族親已然先一步歇了生意，回南方去了。方先生於是栖栖然如喪家之犬，遇見三兩個同鄉，人人都是措大，誰也沒有餘裕能幫助他。所幸有人看他入過學，能寫幾筆字，給薦了個在藩署（布政使司衙門）當「帖寫」的差事。

藩署是個公署，掌管一省之中吏、戶、

刑、工各科的幕僚都在這一個衙門裡辦事。而所謂「帖寫」，不過就是個抄寫員，替衙門裡掌管案牘文書的書吏謄錄檔案而已。一天辛苦揮毫，賺不上幾十個制錢，僅敷餬口而已。

屋漏偏逢連夜雨——才寫了幾個月的字，方先生又染上了瘧疾——這個病，在當時的北方人眼中是個絕症，人人避之唯恐不及。倒虧得他那小小的上司書辦憐憫，拿了幾百枚制錢捆在他懷裡，趁他發熱昏睡之際，雇了幾個工人給扛出署去。工人們也懶得走遠，一見路邊有座古剎，便把方先生給扔在廊廡之下了。

當時大雪壓身，熱氣逢雪而解，方先生燒一退，人也清醒過來。一摸懷裡有銅錢，知道自己這又是叫人給擲棄了，歎了口大氣，不免又懷著一腔忿忿，勉強向北踽踽而行。

不多時，已經來到了漕河邊兒上，雪又下大了。方先生腳下認不清道路，偏在此時又發起寒來。祇一個沒留神，竟撲身掉下河裡去，眼見就要凍僵。也是他命不該絕——此際河邊一座小廟裡有個老僧，正擁坐在火爐邊打瞌睡，夢見殿前的神佛告訴他：「貴人有難，速往救之！」老僧睜開眼，赫然瞧見遠處河心之中蹲伏著一頭全身乍亮精白的老虎。老僧揉揉眼，再走出廟門幾步，發現河口上那白虎早已經沒了蹤跡，河沿兒上不過是趴著個看來已經凍餒不堪的貧民。

由於不知此人是生是死，老僧也猶豫著該不該出手相救。未料這時殿上的神佛又說話了：「出家人以慈悲為本，見死不救，你大禍就要臨頭了；可要是救了他呢，你這破廟的香火就快要興旺起來了。」老僧聽見這話，還有甚麼好猶豫的？當下有了精神，便將方先生扛進廟裡，脫去濕衣，溫以棉被，燒上一大鍋薑湯灌餵，方先生終於醒了。老和尚自然不會把神佛的指示說給方先生聽，卻殷殷地向他打聽來處和去向，弄清楚這是個落魄的儒生，益發地尊敬了，又給換上一套好衣裳，算是收留了他。

到了春暖花開的時節，老僧對方先生說：「先生畢竟是功名中人，而此地卻無可發跡。老衲有個師弟，是京師隆福寺的方丈，與王公大人們時相往來，那兒倒是個有機緣的去處。老衲且修書一封，另外再奉上兩吊錢的盤纏，送先生登程，還望先生能在彼處得意。」

方先生倒沒忘了離虛子的吩咐，自是欣然就道。來至隆福寺，見那方丈大和尚志高氣昂，非俗僧可比，心上的一塊大石頭也就落定了，頗覺此處的確是個安身立命之所。大和尚人很乾脆，拆開書信略一瀏覽，即對方先生說：「既然是師兄引薦的，就暫請至客舍安頓，住下來，不必見外，寺中蔬果饘粥，足可裹腹。如此等待機緣也就是了。」方先生這一向過的就是得食且食、得住且住的日子，惟獨身上沒那麼一件像樣的衣服，是個苦惱。他總牽掛著：萬一夤緣有所遇，卻沒有一套見得了人的衣冠，豈不大慚形穢？

一個人要讀的50本書
1本和其他49本

與一個人相關的網站、電影、音樂推薦，詳細介紹與內容，請上網查閱，網址為：
http://www.netandbooks.com/taipei/magazine/alone/web.htm

1本書：查拉圖斯特拉如是說

傅凌

不論是為了了解一個人的狀態，一個人的認識，甚至一個人的歷史，以及一個人的方法，如果一個人只想讀一本書，只有時間讀一本書──那就是《查拉圖斯特拉如是說》了。

不要為尼采所說「上帝已死」而激怒，因為只有相信上帝已死的人，才是最徹底的一個人。憐憫這些徹底的一個人吧。

不要為尼采所說這本書「高出於人類和時間六千英尺」而懷疑他的居心，因為「我是河邊的欄杆，誰能扶我就扶我吧！不過，切勿把我當作你們的拐杖。」查拉圖斯特拉早在第一卷裡就這麼說了。

不要為「查拉圖斯特拉如是說」這麼神祕而拗口的書名卻步，因為「有如集蜜太多的蜂兒，我已厭倦自己的智慧，我需要領取這智慧的眾手」，所以查拉圖斯特拉才下山說了智慧的言語。查拉圖斯特拉一定希望別人把這本書當寓言讀，當詩讀，當一本可以打開任何一頁、任

何單獨一條來讀的書來讀。

如果你為人生的諸多波折而自怨自哀，應該看看查拉圖斯特拉怎麼說：

人生是悲涼的，而且絲毫沒有任何意義：一個小丑或許便足以成為它的致命傷。

我要教給人類存在的意義，那就是超人……

於是他說：

人類是一條繫在動物與超人之間的繩索──一條高懸於深淵的繩索。

要從一端越過另一端是危險的、行走於其間是危險的、回頭觀望是危險的、顫慄或躊躇不前都是危險的。

人類之所以偉大，正在於他是一座橋樑而非目的；人類之所以可愛，正在於他是一個跨越的過程與完成。

如果你為都市裡的聲色之慾而輾轉反側，應該看看查拉圖斯特拉怎麼說：

我有勸你們將本能完全消除掉嗎？我不過是提醒你們要保持本能中的那份純潔與無邪罷了。

我有勸你們禁慾嗎？禁慾對某些人而言，是一種高尚的德行，但對大多數人則近乎是一種罪惡。

這些人確實是能克制自己，但是卑賤的慾念卻滿含妒意地完全表露在他們的行為之中。……想驅逐魔鬼而自身又墜入豬道的人並不少。

如果你為自己不願面對真理的躊躇而困惑，應該看看查拉圖斯特拉怎麼說：

求知者之所以不願涉足真理的水中，乃是由於它的淺露，而非它的污濁。

如果你總是嚮往自由卻又因自由而不知所措，應該看看查拉圖斯特拉怎麼說：

你嚮往空闊的高處。你的靈魂渴求著星際，但是你那劣根性也期盼著自由。

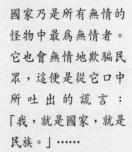

你的那群野狗也想獲得自由。當你的精神試著打開所有的牢門時，牠們在地洞裡歡叫著。

在我眼中，你還是一個幻想著自由的囚犯。噢，這種囚犯的靈魂會變得很機敏，然而也同時會變得十分狡詐與邪惡。

如果你因為自己不願追求美德的懶惰而自責，應該看看查拉圖斯特拉怎麼說：

若是運氣夠好的話，你祇要擁有一項美德就夠了，千萬不要貪多。……

看哪！你的每項美德都是如何地妄想佔據最高的位置，它們都想驅使你的精神為其奔走，也都要你在愛與恨時所擁有的全部力量。……難道你從未見過一項美德的自怨與自殘嗎？

如果你為各種有關「國家」的論述與主張而厭倦、昏眩的時候，應該看看查拉圖斯特拉怎麼說：

國家乃是所有無情的怪物中最為無情者。它也會無情地欺騙民眾，這便是從它口中所吐出的謊言：「我，就是國家，就是民族。」……

國家的一切都是假的——它用偷來的牙齒咬人。……它喜歡在良知的陽光下取暖，這個冷酷的怪物！……

我認為國家是一個無論善人或惡人皆在其中飲酖止渴的地方，在那裡，他們都身不由己；國家，是大家慢性自殺而稱之為「生命」的地方。

如果你真想了解「上帝已死」要說的是什麼，還是應該看看查拉圖斯特拉自己怎麼說。在第四卷裡，當兩個國王、魔法師、影子、憂慮的預言者……等一行來到查拉圖斯特拉的洞穴，查拉圖斯特拉向他們宣佈上帝已死之後，離開了一會兒。等他再回來的時候，就看到這些人已經在膜拜、讚美一頭驢子了。

請讀這本書吧，最少，所有的一個人。

關於一個人的認識

《孤獨》（*Solitude a return to the self*）安東尼‧史脫爾（Anthony Storr）／著 張嚶嚶／譯 （知英）

就理性而言，要了解「孤獨」是怎麼回事，要讀兩本書。這是其一。

作者史脫爾（Anthony Storr）是精神醫師，因此這本書精彩之處正在於他從心理觀察的角度，把孤獨的成因、作用，從一個人的幼年而成年，而與社會之間的關係，開始逐步分析。因而讀來其中有一個個很細微的個案探討，你可以拿來和自己的情況做一些比對，也可以拿來當作想要再進一步深入分析「孤獨」這種心理的基礎。這本書在主題的理論面上深入淺出。（傅凌）

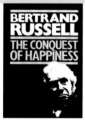

《孤獨》（*Solutide：A Philosophical Encounter*）科克（Philip Koch）／著（立緒）

加拿大的哲學家科克（Philip Koch）所寫的《孤獨》，和史脫爾的《孤獨》，有四點大不相同：第一，旁徵博引了更多哲學與歷史上他人思考的「孤獨」；第二，作者把這些思考綜合整理出他所認為的「孤獨之德」，孤獨的情況，以及西方社會對孤獨贊反兩面的歷史發展；第三，行文更多文學的筆觸；第四，對老莊思想有許多陳述。

換句話說，這本書在主題的歷史面上深入淺出。（傅凌）

《*The Conquest of Happiness*》
羅素（Bertrand Russell）／著（Unwin Paperbacks）

一個人居住、生活，難免會有些心情低落的時候，不知幸福為何物的時候。而你去市面上，也能找到不少以解決這一類問題為號召的書。如果要買的話，各種教你幸福、快樂的書，保證能塞滿你不只一座書架。

所以，且慢，先不要。要看那麼多雞湯類的書，為什麼不讀一本思想大師的作品，又幽默，又永遠不失其價值？哲學家羅素就有這麼一本很不像他其他作品的書：Conquest of Happiness。 如果要找市面上的中文版來看，注意一下翻譯品質。（傅凌）

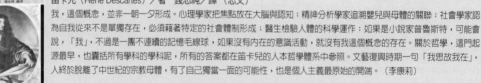

《我思故我在》（*COGITO ERGO SUM*）
笛卡兒（Rene Descartes）／著 錢志純／譯（志文）

我，這個概念，並非一朝一夕形成。心理學家把焦點放在大腦與認知；精神分析學家追溯嬰兒與母體的關聯；社會學家認為自我從來不是單獨存在，必須藉著特定的社會體制形成；醫生檢驗人體的科學運作；如果是小說家普魯斯特，可能會說，「我」，不過是一團不連續的記憶毛線球，如果沒有內在的意識活動，就沒有我這個概念的存在。關於哲學，這門起源最早，也囊括所有學科的學科呢，所有的答案都在笛卡兒的人本哲學體系中參照。文藝復興時期一句「我思故我在」，人終於脫離了中世紀的宗教母體，有了自己獨當一面的可能性，也是個人主義最原始的開端。（李康莉）

《莊子》 莊子／著 傅佩榮／譯注 （立緒）

楚王曾經想要任用莊子為宰相，於是先派了兩位大夫前去詢問莊子的意向，莊子反問兩位大夫「吾聞楚有神龜，死已三千歲矣。王巾笥而藏之廟堂之上。此龜者，寧其死為留骨而貴乎？寧其生而曳尾於塗中乎？」兩位大夫回答說：「寧生而曳尾塗中。」莊子曰：「往矣！吾將曳尾於塗中。」注重養生、物我皆忘、自然死亡，不為外在事物而損及年壽，樂觀的看待自然界的生老病死都是《莊子》一書中所要傳達的意念。主張「明乎人，明乎鬼者，然後能獨行。」（〈庚桑楚〉）「出入六合，遊乎九州，獨往獨來，是謂獨有。獨有之人，是之謂至貴。」（〈在宥〉）（墨壘）

《非理性的人》(*Irrational Man*)
威廉‧白瑞德（William Barrett）／著　彭鏡禧／譯　（立緒）

存在主義興起於二次大戰之後，而它的歷史根源與存在目的，都是本書所要予以討論的問題。「尼采強調個人自我的超越性；齊克果認為人該面對真實的自己；沙特認為人不該自欺為物，應該掌握自己的可更變的自由；海德格最特出，認為人存在正可追尋存有之意義，由此可反思發生在人身上及世上的一切。」本書對希伯來文明、希臘文明、基督教及浪漫主義與存在主義的關係，以及前述的四位存在主義最重要的代表人物的思想與其知識背景，都有所探討。而同時本書也是公認的瞭解存在主義之所以存在的最佳書籍。（墨壘）

《愛情的正常性混亂》(*Das Ganz Normale Chaos der Liebe*) 伊利莎白‧貝克－葛恩胥茵（Elisabeth Beck-Gernsheim）／著　蘇峰山、魏書娥、陳雅馨／譯（立緒）

愛情是自由的最大敵人？恐怕沒有多少人會否認。一旦愛上一個人，就會希望常見到對方，常和對方在一起，渴望知道對方的一切，也渴望成為對方生活的一部分，這些人之常情，卻全和個人的自由相抵觸。而隨著資本主義的極致發展，傳統價值的流失，以及個人對自由的追求，上述的問題也愈形嚴重。

本書作者以冷靜且客觀的社會學角度，敘述愛情的混亂及失序是正常的，這也是每一個現代人必須面對的現實。當一個人選擇愛情或婚姻，其中產生的衝突、矛盾、混亂該如何化解？又如何拿捏和自由間的距離？以及一旦婚姻關係崩毀，後續的子女教養等問題，本書都有詳實的討論。（詮斐）

《誘惑者日記》(*The Seducer's Diary*)
齊克果（Soren Kierkegaard）／著　余靈靈／譯（究竟）

本書體現十九世紀存在主義大師齊克果自傳色彩強烈的愛情哲學，他將愛情視為一種審美的形上意義，也因為審美距離之必要，所以齊克果的戀情從不以婚約為目的，故終身獨身。

本書描述男子約翰如何誘惑少女克蒂麗亞墜入他的愛情圈套。從男對女的熱切愛慕開始，驚為天人的鍾情，進而窺探彼女生活情貌，讚嘆其行止性情之美；接著設計之以衝突反感、轉而愛戀。誘惑者是要享受愛情的奉獻回應之美，而婚約只是外在的人為虛構，唯有擺脫婚姻的現實牽掛，才能索求形上的高超境界。本書主張的愛情關係，是一種取悅性靈的審美實踐-展現兩個獨身之人無限精神自由的可貴。（葉亞薇）

《西藏生死書》(*The Tibetan Book of Living and Dying*)
索甲仁波切／著　鄭振煌／譯（張老師文化）

從出生的那一刻開始，我們就注定是孤獨的個體，即使身旁環繞著眾人，彼此仍是全然的獨立，到了死亡的時刻，更是必須獨自面對。生死大事，在佛教中，只是輪迴過程而無終始，對於一般人而言，因為有死亡，才能彰顯生的意義。

如果學會了死亡，也就學會了活著，而不是因為不了解就恣意浪費生命。本書最重要的目的就是在於如何透過死亡學習，從而明白如何好好活著，同時也是開啟下一段生命歷程的鎖鑰。作者索甲仁波切以淺顯易懂的方式，讓讀者了解如何在平常生活中修行，在死亡來臨之時，能夠得大解脫，這是每個人每一生的功課。（莊琬華）

《空間詩學》(*La Poetique de L'espace*) 加斯東‧巴舍拉（Gaston Bachelard）／著
龔卓軍、王靜慧／譯　（張老師）

「透過私密空間與世界空間的『浩瀚感』，這兩種空間相互和諧共鳴。當人類巨大的孤寂越趨加深，這兩種浩瀚感便相互接觸、變得相似。」或許並不是每一個人都需要一個屬於自我的私密實體空間，但如果你有一個這樣的空間，或許也可以試著對它用詩意的心情來重新體驗，甚至重新解析自我。自己為何會選擇這樣的一個空間來作為純粹個人的私密空間，或許你可以在本書找到一個詩意的解答，或許也可達到「不再禁錮在自己的重擔當中，不再做為自身存有的囚徒」的狀態。（墨壘）

《金剛經》（六祖惠能大師註解版本）（佛陀教育基金會）

如果要體會一個人的終究根本，而對宗教又沒有一定的信與不信的話，《金剛經》還是一個最好的選擇。

如同「佛」的本意是「自覺，覺他，覺行圓滿」，而不是某個神祇的名稱，《金剛經》也是一本幫助一個人走上這條路的最好指引。不過對大部份人來說，《金剛經》可能太過言簡意賅，因此六祖慧能大師註解的這個版本就是最好的選擇了。其中六祖註解的許多口訣，尤其值得揣摸。（傅凌）

關於一個人的歷史

《A History of Private Life》
Philippe Aries and Georges Duby／主編　（Belknap Press）

這套《私生活之史》共五大卷，五卷書各有主題，每卷又各由四五篇文章所構成，涵蓋了從羅馬時代一直到近代西方私人生活（Private life）演變的各個面向。主編者是法國人阿希亞斯（Philippe Aries）與杜畢（Georges Duby），原來是法文出版，自然不但偏向歐洲，並更著重於法國，不過絲毫無損於此書之價值。從羅馬時代私人生活空間到公共空間的不同，到中世紀個人意識的抬頭，到近代私有財產的概念，這套書貫穿了「私人生活」的這個主題。（傅凌）

《孤獨的人群》（The Lonely Crowd）大衛・里斯曼（David Riesman）／等著
王崑、朱虹／譯（南京大學）

本書採用精神分析的方法來研究從十九世紀到二十世紀中葉，在美國工業化社會的特殊歷史發展過程中，美國人社會性格的形成及演變，尤其著重於青少年時期同儕群體和學校對於性格形成的重要作用。作者將個人分為他人導向型與內在導向型兩種類型，以用來劃分這些人的社會或職業的角色，從而在這個立足點上探討社會狀況以及社會性格的演變過程，以及分析其中的歷史發展因素。作者認為「社會中大多數人的性格結構與社會體制是高度相符的，……只有極個別的人才會被放逐於社會圈之外。」而社會性格則最終會在生活方式中表現出來。（墨壘）

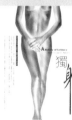

《獨身》（A History if Celibacy）
伊莉莎白・艾寶特（Elizabeth Abbot）／著　邱維珍、薛芸如／譯（商周）

作者伊莉莎白・艾寶特以詳實而豐厚的歷史資料，在以細膩、體貼的觀點，緩緩道出人類獨身的歷史，從宗教上的約束、藝術上的自我要求，到現代社會對獨身的刻意追求，一改我們對獨身刻板而僵硬的想法。
儘管，獨身生活曾折磨著寡婦與囚犯，但志願選擇獨身者，如運動員或者獻身宗教、藝術領域的工作者，不也常能獲得更純粹、更極致的爆發力量？而在人際愈顯疏離冷漠的現代，更多人選擇獨身，放下對身體、對性欲的渴求，他們希望集所有精力於想追求的事物上。（詮斐）

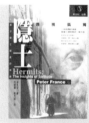

《隱士：透視孤獨》（Hermits:The Insights of Solitude）
彼得・法朗士（Peter France）／著　梁永安／譯（立緒）

人為什麼要離群索居、孤獨的隱藏在人跡罕至之處？隱士所追求的是什麼，所逃避的又是什麼？隱士如何過活，他的精神狀態又是如何？這些或許都沒有一定的答案，同時也不存在固定地探求答案的方式。然而從一個人的言行來瞭解一個人的思想，卻是個簡煉有力的方法，而這也是本書用來探索隱士的方式。作者大半生住在一個有著千年歷史的隱士之島，不難瞭解這正是他身體力行的結果。然而本書排除了西方中世紀的隱士，以及中國的隱士兩大部分。前者的原因在於介紹他們的書已經夠多了，而後者的原因則作者並未提及。（墨壘）

《千面英雄》（The Hero With A Thousand Faces）
坎伯（Joseph Campbell）／著　朱侃如／譯

英雄是有時代性的。羅馬帝國的英雄一定不同於清教徒社會所定義的英雄。這本書則把焦點放在神話裡英雄概念的歷時改變。「英雄是那些能夠了解，接受並進而克服自己命運挑戰的人。」神話是時代的心理狀態，也是眾人的夢。藉由解讀神話中英雄傳說的演變，我們抽絲剝繭尋找出不斷變遷的時代價值。如今在科技化、平板化的媒體社會中，還有「英雄」這類超人存在的價值和可能性嗎？坎伯的答案是肯定的。他說「當代英雄的使命在於，凝出一套超越種族，國界，宗教，文化，社會的象徵系統，實踐生命的深層意義。」同意嗎？聽起來像是榮格集體潛意識的翻版？歡迎你一起來找答案。（李康莉）

《中國婚姻性愛史稿》 戴偉／著 （東方）

中國文明是依靠著什麼樣的力量才得以維持數千年而不消亡呢？宗法制與倫理觀當是其主要原因。而這兩者同時也是造成了中國幾千年來的婚姻現象呈現出許多怪異風貌的根本原因。諸如：一夫一妻多妾以及衍生而來的妒婦現象與繼承權誰屬的問題，講究門當戶對的門第觀念以及衍生而來的聘金多寡的問題，家庭倫理對婦女提出的三從、四德、七出、三不去以及衍生而來的禮教殺人與貞節牌坊的問題等等，這都可以從本書中略窺一二。當然，在這樣的社會價值觀下的男女性愛又會呈現出什麼樣的風貌，自然也是本書所要探討的問題之一。（墨壘）

《人類婚姻史》（The History of Human Marriage）
E.A.韋斯特馬克（Edward A. Westermarck）／著 李彬／等合譯 （商務）

婚姻的歷史能牽涉到哪些內容呢？這三卷本的婚姻史讓我們有了一個完整的輪廓。從動物到人類，從未開化的原始民族到擁有高度文明的國家，從不同的政權到不同的宗教，從西方文化到東方文化，探討婚姻的起源、性生活、結婚率與人口比例、結婚年齡、求偶現象、獨身生活、內外通婚、婚姻禮儀、婚姻的締結與解除、一夫一妻或多夫多妻制的人數問題等等內涵，以及對由婚姻而衍生出的諸如初夜權、不貞、兩性的嫉妒心理等等現象的探索，內容豐富，唯獨對於中國婚姻的部分著墨甚少，因而難以從中一窺究竟，是可惜之處。（墨壘）

《透明社會》（The Transparent Society） David Brin／著 蕭美惠／譯（先覺）

信箱中常有一大疊廣告信？手機常收到奇怪的簡訊？社區巷子24小時都有監控攝影機？也許，對這樣的事早已習以為常，但其實個人資料已經外流；而覺得身受保障的同時，隱私其實已經被侵犯了。

拜科技及網路之賜，現代社會日趨便利，但個人隱私也正一步步被侵蝕。尤其當隱私與安全互相牴觸時，更令人難以抉擇。作者引用諸多案例，從各個角度探討隱私權與資訊自由間的矛盾及爭議。他認為現代社會不須因噎廢食，但須朝建立一個透明社會而努力，亦即公開所有資訊，讓人人容易取得，當然，這需要相關配套措施，但這也確實是極具挑戰性的觀點。（詮斐）

關於一個人的狀態

《一封陌生女子的來信》（A Letter from Unknown Woman and Other Stories）
褚威格（Stefan Zweig）／著 張莉莉／譯（遊目族）

一個女人，從十三歲就愛上對門一個大她十二歲的男人。然後終其一生等待。在他們還是鄰居的時候等待他多看她一眼；在搬到遠方後，就等待重回那個城市看他一眼；等重回那個城市，就守著他的住處等待重新看到他；等重新看到他，就等待他認出她，但他沒有，連和她同過兩次床，把她當成兩個不同的女人之後也沒有。她為他生了一個他不知道的兒子之後，在兒子死去的夜裡，第一次提筆給他寫了一封信。（傅凌）

《地下室手記》（Notes from underground）
杜斯妥也夫斯基（Fyodor Dostoyevsky）／著 孟祥森／譯（桂冠）

在本書中，杜斯妥也夫斯基描寫一個平凡至極的小公務員，他是步入中年的知識分子，對現實生活滿懷憤怒與怨恨，時時譏諷批評一切，某天他突然獲得一筆遺產，於是退休後就與世隔絕，一個人蟄居於地下室。

這樣的一個人，在一個封閉的空間中，什麼事情都不做，剩下的就只是思考以及提筆寫作，於是他了解了自己的問題，卻任憑自己墮落。當他遇到一位妓女麗沙，企圖拯救她的靈魂，可是突顯出來的竟是自身的荒謬與乖張，最終竟以惡意的侮辱回報女子對他的愛。他只有繼續待在地下世界裡面，忍受靈魂的折磨。（莊琬華）

《老人與海》（*The Old Man And The Sea*）
海明威（Ernest Hemingway）／著 宋碧雲／譯（桂冠）

「現在我真希望一切都是夢，我從來沒釣過這條大魚，我正一個人躺在床上看報紙。『不過，人不是為挫敗而生的，』他說，『人可以毀滅，卻不能挫敗。』」不過我真後悔殺了這條魚，他想。」故事的景物單純，一個荒涼的漁港，一片茫茫大海，一個孤獨的老頭子，一個無名的小伙子，一隻大魚，幾條鯊魚，幾隻小鳥，幾杯酒，一點無聊的想像，偶爾爲之的自言自語。一起構築了這個迷人的故事。看完後會讓人瞭解，原來孤獨也可以如此堅強。「和牠們打啊！」他說，「我要鬥到死爲止。」（墨壘）

《怨女》
張愛玲／著 （皇冠）

想在三個小時內體會、了解中國過去大家族時代裡，一個人，尤其是一個女人的經歷與心境，就讀張愛玲的《怨女》吧。曹雪芹的《紅樓夢》把大家族的每個人寫得都太美了，美得只是要襯托出最後那個孤獨的男人。《怨女》卻一開始就要寫一個大家族裡孤獨的女人，並且在一個遠遠縮小的範圍裡。

如果你爲自己一個人的情境而幽怨（尤其如果是一個女人）的話，不能錯過這本書。張愛玲怎麼可能用這樣的筆觸寫了一段人生，你會不由自己地放下書感嘆。（傅凌）

《蛻變》（*Die verwandung*）卡夫卡（Franz Kafka）／著 金溟若／譯（志文）

一個年輕人早上醒來，發現自己變成了一隻大蟲子，雖然他仍保有思維和情感，但他的外形、氣味和語言卻是家人（以及其他人類）所不能忍受的。家人非常害怕外人知道他們家出了這個「怪物」，便決定把他關在臥室內，只提供他三餐。父親甚至憤怒地把跑出臥室大蟲子兒子丟村驅逐回去，一直到他死去，家人終於鬆了一口氣，放心地去旅行，世界好像重見光明。

卡夫卡以一個超現實的預言故事，描寫出二十世紀人類主流歧異、排斥、壓迫、異化他者的情狀。一個世紀以來，《蛻變》深刻地提點出人類的處境，時時點醒人們彼此眼中的異化樣貌，以及無法溝通的困境。（林盈志）

《異鄉人》（*L'etranger*）卡繆（Albert Camus）／著 莫渝／譯（志文）

無可避免的，一個人在這個社會中或多或少都必須接觸外在世界，不管情願與否，都可能成爲社會規範的批判對象，於是，卡謬筆下的莫梭，以漠不關心的方式、疏離的角度面對世界，不管是母親的死亡，或者是持槍射殺了一個人。

他不僅是空間中的異鄉人，同時也成爲自己的異鄉人，以冷靜的眼觀看這個世界及所有人，包括他自己，他所企求的是一個融會圓滿的自然，一個死生交會無關悲苦的宇宙，所以，他寧願接受死刑，也不願虛假的表露對母親死亡的哀傷與無由殺人的懺悔，最後，民眾的憤怒成了他最後的證明。（莊琬華）

《如果在冬夜，一個旅人》（*If on a Winter's Night a Traveller*）
伊塔羅·卡爾維諾（Italo Calvlino）／著 吳潛誠／校譯（時報）

閱讀是一個人的歡樂時光，閱讀小說則是一個人幸福的極致。不談大師的寫作技巧與理論實踐，光是純粹的讀者趣味，就堪稱一絕。經常一個人在書店靜靜閱讀，想像著書中的世界；或是一個人提着行李箱，在瑩白的月色下登上夜霧重重的月台；或許你的現實身分，也像是書中的間諜一樣，必須帶着墨鏡，提着行李箱，轉換地點做長途旅行。每一篇小說的結尾，又成爲另一篇小說的開頭，像是一個鏡像的迷宮，層層展開。適合週末深夜，窩在小沙發裡，暈黃的燈光下打個呵欠，喝口咖啡，細細品嘗。（李康莉）

《一百個人的十年》馮驥才／著（江蘇文藝）

這是文革十年的故事，是作者「力圖以一百個人各不相同的經歷，盡可能反映這一歷經十年、全社會大劫難異常複雜的全貌」。作者原以爲每個人心中都有一塊絕對只屬於他自己，永不向外人暴露的角落，但是沒想到有太多太多人急於和他聯繫，急於向他傾瀉心中的秘密。因而他才知道：他們不會永遠沉默。

讀這本書，你知道在那十億藍螞蟻的年代，儘管口號、動作、思想是整齊劃一的，但在那底下一個個「一個人」的各種遭遇，到底在呈現什麼樣的奇特與激動。（傅凌）

《約翰‧克利斯朵夫》（Jean- Christophe）

羅曼‧羅蘭（Rolland‧Romain）／著 傅雷／譯（人民文學）

《約翰‧克利斯朵夫》寫一個個性強烈、充滿矛盾，滿懷生命熱情卻又遭到別人誤解的音樂天才，如何不斷地跟自我、藝術、社會相衝突，歷經幾近滅頂的狂風巨浪之後，終於，那人卻在燈火闌珊處。

羅曼羅蘭花了二十五年時間來寫這部篇幅浩大的小說，在這本書的序言結尾處，他這麼寫下了自己的期望：「在此大難未已的混亂時代，但願克利斯朵夫成為一個堅強而忠實的朋友，使大家心中都有一股生與愛的歡樂……」（傅凌）

《好色一代男》 井原西鶴／著 王啓元、李正倫／譯（台灣商務）

多情好色的世之介七歲開始，在五十四年間總共玩弄女性三千七百四十二人，男妓七百五十二人，他不停的消耗腎水，卻又活到了六十歲的歲數。在世之介三十五歲那年，他母親轉給他總計兩萬五千貫的遺產，他無一遺漏的逛遍了日本所有的妓院。戀愛與性，成了他的人生目標。從這時起，他沒有父母，沒有兒女，沒有妻室。最後他邀了六個志同道合的朋友造了一艘名為「好色丸」的船，裡面裝滿各式性工具與春藥，打算前往只有女人的女護島，不再回來。他說：「即便是陰虛腎虧而死在那裡，說不定也能生出一代既無妻室又無兒女的男兒來。這就是我的本意。」（墨壘）

《BJ的單身日記》（Bridget Jones's diary）

海倫‧費爾汀（Helen Fielding）／著 莊靜君／譯 （皇冠）

三十歲對女性來說是個關鍵時刻，如果到了這個年紀依然單身，工作了七、八年還是沒有做出甚麼成績，也許該像Bridget Jones那樣，列出一大堆人生新計劃，把生活解構再重整。嚴禁「入不敷支」、「迷戀男人」；遵守「存錢」、「學會預約錄影」，確實對一個單身女子很重要，是自立、不用看臉色來做人的先決條件。當BJ快樂地吶喊著「單身貴族萬歲」，嘲笑那些「自滿的已婚族」，無非是要挽回被視為可憐、失敗的獨身女子的尊嚴。

整本日記就是看著BJ如何不斷跟數字（如卡路里、體重）和男人搏鬥、糾纏，看得人會心微笑——很想跟BJ做朋友。（冼懿穎）

《大唐西域記校注》 玄奘辯機／原著 季羨林等／校注（中華書局）

一個人住叫「獨居」，一個人走叫「獨行」，然則，「獨行獨居」，一定就是一個人嗎？倒也未必。你若看過巡禮日本各地寺院的僧人就會知道了，明明是獨行獨居的雲水僧，斗笠上卻寫著「同行二人」四字，何故？與「法」同行也。從這個角度來看玄奘法師這本書，或許更能理解，驅策他們渡出關西行，經高昌、河閒、莎車……西域諸國後，獨身穿越戈壁、大雪山，南向抵達印度的艱難旅程背後，到底是什麼樣的力量？一個人生死不懼的移動，又會對不同文明交流發揮了何種巨大作用？「我就是道路、真理、生命」，同樣是宗教的宣達，同樣說明著一件事：人因夢想而偉大，夢想因信心而成真——你如果是一個人，更需要與信心為伍！（傅月庵）

《末代皇帝》 愛新覺羅‧溥儀／著（風雲時代）

「孤道寡」，可以是君臨天下、至高權威的叱吒；而對於「滿清最後一個皇帝」溥儀來說，卻是終其飄零、顛沛流離的喟嘆。本書結合溥儀自撰「我的前半生」和他人代傳了「溥儀的後半生」文稿，拼整出末代皇帝傳奇的一生經歷。從家世與童年談起，透出登基為帝的魁偏命運，紫禁城的宮廷腐靡。慈禧亂政，光緒受箝制，王朝氣數已盡。而後國民革命、軍閥割據、日本偽滿，溥儀像顆不由自己的棋子，退位、偏安、假皇帝，全隨著時代擺弄。蘇聯俘虜之，中共改造特赦之，曾經皇權光芒早已喪盡，徒留一扭曲殘的遺民。此書道盡溥儀「王者不王」的悲哀，及絕天下莫若是的孤獨。（葉亞薇）

《宮本武藏》 吉川英治／著 程義／譯（星光）

宮本武藏於1643年隱居於九洲肥後的岩戶山中，將畢生對劍道之領悟寫成《五輪書》。以追求劍道的極致為人生目標，自創「二天一流」，並在《五輪書》的〈總序〉中提到：「自我十三歲那年到二十八歲，決鬥凡六十次，從未敗北過。」對於這樣的一個武士，不免讓人想要一窺其生平之究竟。吉川英治在數年的雕琢之下，以兩百萬字的篇幅，生靈活現了武藏的一生。雖然內容多屬虛構，但書中孤獨的武藏、癡情的阿通、智慧的澤庵和尚、目中無人的小次郎、好諼大又無能的好友又八以及顛倒是非又狡詐陰險的阿杉婆都在讓人不忍釋卷、信以為真。（墨壘）

《湖濱散記》（WALDEN）梭羅（Thoreau）／著 孔繁雲／譯（志文）

梭羅的《湖濱散記》，是他歷時二年二個月遠離人群，在林野間生活的一個實驗：「如果人懷著信心向著他夢想方向前進，努力過他所想像的生活，他便能在一般的日子裡獲得始料所不及的成功。他會放棄某些東西，會超越一種肉眼所不及的界限；在周圍與內心，新的、普遍的、更通達的法則，會開始建立起來；或者舊的法則擴展開來，以一種更通達的方式向他做有利的解釋，而他也就能在更高層次的境界中生活。他的生活愈形簡單，則宇宙的法則也相對的愈形簡單，因而寂寞不再是寂寞，貧窮不再是貧窮，軟弱不再是軟弱。」（傅凌）

《魯賓遜漂流記》（Robinson Crusoe）
丹尼爾‧狄福／著（Daniel Defoe）盧相如／譯（小知堂）

小時候每次讀這本書，都足以讓人興奮好幾天。後遺症是據地為王，把小小的一方衣櫃當作荒島的洞穴，把透進來的光線當作魯賓遜看見的遠方船帆。幻想自己漫步在原始密林裡，想像荒島的另一面有什麼？什麼時候出現食人族？海龜蛋又是什麼滋味？這本書推薦給所有不放心的家長，讓兒童在安全的範圍內進行冒險，啟發野地求生的想像。而對工作繁重的上班族來說，充滿想像的情節，極端的孤絕狀態，讓人丟掉生活沉重的外衣，重返山林，體會自立更生的原始情境。煽情影集《我要活下去》中充滿競爭和背叛的情節，則是《魯賓遜漂流記》的失樂園版。（李康莉）

關於一個人的方法

《自慰》（SEX FOR ONE）貝蒂‧道森博士／著 張玉芬、賴欣怡／譯（永中）

在這個時代，選擇獨居生活的人越來越多，一個人的性該如何解決？獨居的老年人如何享受性生活？有任何包括性冷感或性無能的焦慮，該如何克服？本書不但是提供實用的撇步，也極具經驗分享價值，是一本幽默兼勵志的心靈成長指南。當台灣社會還對DIY抱持著集體的道德焦慮，作者已藉由在美國親自實踐的自慰情慾工作坊，帶領信徒體會那古代流傳下來不可說的神秘技藝。雖然是80年代婦女解放運動的產物，內容也相當「照顧」男性讀者。其中提倡的觀念，在現在看來依然前衛，生猛，大膽，令人咋舌，是一本只可意會，不可言傳的性愛革命軍小手冊！（李康莉）

《一個人吃》蔡季芳／著（台視文化）

一個人吃真麻煩。去餐廳吃，不自在；在家煮，又怕麻煩。趕時間的情況下，有時隨便買個御飯團解決，長期下來，幾乎變成7-11族，方便是方便，卻忽略了營養與健康。《一個人吃》則提供了一個簡單的解決之道。內文食譜分成中式，西式，日式，簡餐，和粥品料理，步驟簡單，輕鬆不費事。同時考慮到一個人住，不見得有適合的廚房廚具，本書也提供瓦斯爐，電鍋，微波爐等多種烹調方式選擇，是一本針對單身族設計的貼心食譜。（李康莉）

《病態》（The Sickening Mind）
保羅‧馬丁（Paul Martin）／著 白衛濤、應誕文／譯（世界知識）

本書主要在探討精神狀態與自身健康的相互作用，探討精神狀態是如何影響人體的免疫功能，進而使人們罹患疾病的原因。內容廣博豐富，並以相關的歷史故事進行輔助理解。其第六章〈他人〉專門探討人際關係如何影響人們的精神狀態，以及其孤獨是如何影響健康狀態等。提出「獨自生活的人更有可能過渡沉溺於食物、酒或煙。與世隔絕能助長自我毀滅。」因此「除了減輕我們的壓力，人際關係就其本身來說也有益處。它們能通過影響我們的感知力、我們的行為和我們的免疫功能提高我們的精神和身體健康。」（墨壘）

《艾莉世代》（Generation Ally）

卡蒂雅‧庫曼（Katja Kullmann）／著　陳素幸／譯（一方）

美國影集《艾莉的異想世界》中，一個三十歲左右、事業有成、聰明幹練的中產階級單身女性——艾莉，她的敏感神經質與對抗不平的異想，原來已不分國籍全球化，反映屬於「艾莉世代」女性們的心底世界。
她是從容瀟灑的現代女子，也是對未來充滿不安的後現代代表。她是如此忠於自己的主張，卻無法為自己的主張下定義；極力地反抗不公平與不可能，但面對必須放手的無常，憂愁恐懼又是絕對的必要。她是如此絕對，卻又如此相對。
現實感強烈、矛盾與極端並存的「艾莉世代」，不限制未來如何，無所謂信服理念，只想繼續過現在超棒的自己。
（阿里森）

《Open Doors之好樣的家》

摩比／著　許時嘉／攝影（甜水）

常常聽到有人說搬家的時候，四十箱的CD和書，不知道往哪裡擺。世界真美好，這個城市裡就是有這麼多怪人，沒事培養著一些怪嗜好。而這本書則把你帶到他們家裡，完全滿足你偷窺的樂趣。多半他們都是一些才華洋溢的窮光蛋，在沒錢的情況下，你能想像這些重視美感的怪胎會把家裡搞成什麼樣子嗎？他們用什麼牌子的傢俱？穿什麼牌子的衣服？去哪裡購物？談著怎樣的戀愛？他們的現實身分可能是室內設計師，建築師，廣告公司總監，或是Pub工讀小妹。對於家居生活，都具有個人趣味的美學品味。這本書適合所有的單身者，讓你知道一個人住也可以這麼趴！（李康莉）

《我們嫁給了工作》（Married to the Job）

菲麗普森（Ilene Philipson）／著　林宜萱／譯（大塊）

工作是成就了一個人、還是摧毀了一個人的價值？投入超量的時間、情緒於職場似乎是現代人的普遍命運，那我們為什麼（心甘情願？）要把自己賣給工作呢？本書的作者受過社會學訓練，同時又是位臨床心理治療師，她將多年來的諮商案例（大部分是女性）歸納整理，提供了關於情感需求、人生渴望、社會結構、文化背景等層面的理解。本書的背景是美國，作者指出：「離婚、親密關係鬆弛、社會的分裂、大眾對鄰里及公民活動參與度的降低，使美國人轉而從工作中尋求人生意義及群聚感」。對於工作時數排名全球第一的台灣人而言，或許更該想一想這方面的問題。（藍嘉俊）

《工作遊牧族》（Jobnomaden）

龔朵拉‧英格莉緒（Gundula Englisch）／著　闕旭玲／譯（商智）

「自由工作者」的身分，類似古代遊俠、忍者、劍客之流的族群，提供了藏居在辦公室的白粉藍等各領階級極大的想像空間；作者觀察德國一群自由工作者，毅然走出原有的舒適區域，寫下在職場疆界「逐水草而居」的故事。
強調「專業分工」的現代，全才型的工作者和隨意上下班，已經令成為辦公室植物的人們瞠目結舌；只效忠自己的現代傭兵，也以無可比擬的彈性和行動力，隨時轉換身分和當下即故鄉的泰然自若，也震驚了眾多呆伯特。
這種千年前使為邊疆民族奉行不渝的行動生活，直到現在網路通訊興起才再度被人想起，雖是舊瓶新裝，但依然勁道十足。（沈心怡）

《穿著睡衣賺錢的女人》　Migi／著（大塊）

這是一本雖然出版了一段時間，但卻是本土實例中，講解Soho最清楚的書。決定脫離上班生涯，實現自己當老闆的夢想，其實需要很大的勇氣。Soho是最自由也最不自由的行業。不但不像一般人想像的，可以隨時逛街，喝下午茶，有時還必須同時面對七八個老闆，獨自解決很多意想不到的難題。也不是每一個人都有適合創業的特質。作者Migi主要的專長在於網路行銷，卻在事業蒸蒸日上的黃金中年毅然轉業，離開前景一片看好的高科技產業，自己回家組工作室。她的成功提供了我們一套可以諮詢的Soho範本，其中包括具體的人格特質的評估，和組工作室的成本效益計算，還有從事網路Soho必要的錦囊。這本書幫助你評估自己是否具備Soho的條件，並提早做好準備。（李康莉）

《3分鐘自我診斷小百科》（Symptoms and early warning signs）

麥克‧愛坡‧傑森‧沛恩詹姆士（Michael Apple, Jason Payne-James）／著　蔡佳玲／譯（原水文化）

醫學是一門專業而複雜的學問，當我們有病痛時，各科醫師總以其專精養與經驗來作診療。然而，許多疾病有其初期的警訊，或輕微或不察，常常也就忍著、忽略，反而錯失自我復原、及早治療的良機。隨著人對自我權益的意識抬頭，大眾對醫學知識的廣泛了解，絕對是自保健康的必要法門。
本書堪稱為一本保健工具書，以身體17個部位作分類，詳盡介紹每個疾病的早發症狀。如消化系統單元中，「嘔吐」為一般人可以察覺的症狀，書中細列其引發的常見病因、可能病因、罕見病因，便可提供個人自我診斷的查詢參考。本書可為一個人「做自己的醫生」的常備書。（葉亞薇）

Net and Books 網路與書
訂購方法
1. 劃撥訂閱
劃撥帳號：19542850　戶名：英屬蓋曼群島商 網路與書股份有限公司 台灣分公司

2. 門市訂閱
歡迎親至本公司訂閱。　台北：台北市105南京東路四段25號10樓之1。

營業時間：週一至週五上午9：00至下午5：00

3. 信用卡訂閱
請填妥所附信用卡訂閱單郵寄或傳眞至台北(02)2545-2951。

如已傳眞請勿再投郵，以免重複訂閱。

信用卡訂購單

本訂購單僅限台灣地區讀者使用。台灣地區以外讀者，如需訂購，請至www.netandbooks.com網站查詢。

☐訂購試刊號　　　　　　　　　　　　　定價新台幣150元×_____冊=_____元

☐訂購第1本《閱讀的風貌》　　　　　　定價新台幣199元×_____冊=_____元

☐訂購第2本《詩戀Pi》　　　　　　　　定價新台幣280元×_____冊=_____元

☐訂購第3本《財富地圖》　　　　　　　定價新台幣280元×_____冊=_____元

☐訂購第4本《做愛情》　　　　　　　　定價新台幣280元×_____冊=_____元

☐訂購第5本《詞典的兩個世界》　　　　定價新台幣280元×_____冊=_____元

☐訂購第6本《移動在瘟疫蔓延時》　　　定價新台幣280元×_____冊=_____元

☐訂購第7本《健康的時尚》　　　　　　定價新台幣280元×_____冊=_____元

☐訂購第8本《一個人》　　　　　　　　定價新台幣280元×_____冊=_____元

☐預購第9本至第20本之《網路與書》（不定期陸續出版）特價新台幣2800元×_____套=_____元

以上均以平寄，如需掛號，

☐試刊號與《閱讀的風貌》、《詩戀Pi》、《財富地圖》、《做愛情》、《詞典的兩個世界》、《移動在瘟疫蔓延時》、《健康的時尚》、《一個人》每本加收掛號郵資20元

☐預購第9本至第20本。每套加收掛號郵資240元

訂 購 資 料		
姓名：	生日：	性別：☐男　　☐女
身分證字號：	電話：	傳眞：
E-mail：	郵寄地址：☐☐☐	
統一編號：	收據地址：	

信 用 卡 付 款	
卡　　別：☐VISA　☐MASTER　☐JCB　☐U CARD	
卡　　號：_____ 有效期限：200　年　　月止	
持卡人簽名：_____（與信用卡簽名同）	
總 金 額：_____ 發卡銀行：_____	